1%의 차이,
미네르바는 무엇이 다른가?

세계혁신대학 1위,
나는 미네르바 대학으로 간다.

임지엽 지음

{ 추천의 글 }

푸른 나무가 숲으로 이뤄가기를

류방란 전 한국교육개발원장

여기 멋진 청년의 여정이 있습니다. 눈과 비, 홍수와 가뭄, 바람과 먼지 속에서도 푸릇한 생명을 뿜어내며 위로 뻗어가는 나무숲의 이야기를 기쁜 마음으로 단숨에 읽어 내려갔습니다. 차 한잔을 놓고 마주 앉아 진지한 얼굴로, 때로 깔깔 웃으며, 때로 눈물을 글썽이며 말하는 듯한 이 청년의 이야기에 몰입하게 됩니다. 연일 4세 고시니, 7세 고시니 하는 세태를 전하는 뉴스와 높은 청소년 자살률 소식을 접하며 쪼그라들었던 마음이, 이 청년의 푸르른 삶의 여정을 보며 조금씩 펴지는 듯합니다.

안정적인 성공이 뻔히 보이는 길을 선택하지 않은 것 자체가 청년의 삶을 이렇게 빛나게 합니다. 거기에 선택한 학교가 미네르바 대학교라는 것도 뗄 수 없는 요소일 것입니다. 우리나라 신문에도 크게 소개되고 텔레비전에서도 방송된 이 대학교는 교육혁신의 아이콘입니다. 근대 초기 유럽 상류층 귀족의 자제가 본격적인 사회 활동에 앞서 유럽 주요 지역을 여행하며 견문을 넓혔던 그랜드 투어처럼 미네르바 대학교는 학기마다 세계 여러 도시로 캠퍼스를 옮기며 학업을 이어 나갑니다. 여러 곳을 방문하고 사람들을 만나며 식견을 넓히는 여행과는 달리 미네르바 대학교에서는 학업 주제를 그 도시의 역사적 배경이나 현재 사회적 맥락과 연결합니다. 기존 이론을 책상과 도서관에서 눈과 머리로 배우는 것에 머물지 않고 온몸으로 깊이 체험합니다. 더구나 이 청년처럼 머무는 도시 주변은 물론 이웃 나라 이곳저곳을 직접 부딪치는 여행도 할 수 있습니다.

이 청년은 교육보다 선발 기능이 앞세워졌던 경쟁 한복판의 학교에서 점수와 서열을 중요하게 따지며 학교에서 친구를 경쟁자, 무찔러야 할 적으로 여기다가, 개별 학생 각자 그리고 함께 성장하는 것을 중시하는 원칙이 견지되는 학교에서 협력을 통한 배움의 기쁨을 누릴 수 있게 되는 이야기를 들려줍니다. 정답에 골몰하였던 공부에서 모든 과정에서 질문이 중요함을, 제대로 된 문제 설정의 중요함을 깊이 체득하는 이야기도 들을 수 있습니다. 이러한 이야기를 들으며 우리 청소년들이 이러한 배움의 힘으로 미래를 힘껏 열 수 있도록 해야 한다는 마음이 절박해지기도 합니다.

이 책을 통해 미네르바의 시스템은 학생들을 어떻게 키워내고 있는지 잘 드러납니다. 이 청년의 말에 귀 기울여보면 그렇게까지 힘들 줄은 모르고 스스로 "선택한" 환경 속에서 좌충우돌, 좌절과 고뇌를 겪을 때마다 이 청년이 학업, 생활, 진로를 잘 열어갈 수 있도록 돕는 시스템을 알 수 있습니다. 막연한 응원과 격려가 아니라 학업, 생활, 진로에서 실질적이고 구체적인 도움을 주는 이 시스템과 시스템 속에서 배어있는 원칙, 나아가는 방향이 잘 정렬되어 있음을 알 수 있습니다. 특히 제대로 수업을 준비하고 학생들이 수행한 과제에 점수만 부과하는 것이 아니라 어떻게 해야 더 발전할 수 있을지를 피드백하는 것이 일상적으로 이루어지는 교육이 부럽기 이를 데 없습니다.

학습자의 성장을 중심에 놓는 교육의 구체적인 사례에 관심을 가진 교육 연구자, 교사와 교수는 물론 대학생, 대학을 준비하는 학생, 자녀를 어떻게 키워야 하는지 고민이 많은 부모 모두 각자의 관심에서 이 책은 도움이 될 것입니다.

이 청년이 받은 교육이 자사고 출신의 세칭 엘리트들이 다니는 대학에서만 이루어지는 것이 아니라 모든 학생들에게 제공되면 좋겠습니다. 특히 어려운 환경의 학생도 각자 삶의 맥락과 상황 속에서 도전하고 성취하며 내면의 힘을 기를 수 있도록 때로 한 걸음 떨어져, 때로 가까이서 도움을 주는 교육이 이루어지는 세상을 우리 모두 뜻을 모아 함께 만들면 좋겠습니다.

이렇게 자신이 온몸으로 겪은 대학 생활을 솔직하게 드러내 준 임지엽 청년, 그리고 이 청년의 이야기가 솔깃한 청년들의 앞날을 응원합니다. 이 청년이 살아가며 체화한 사고방식의 습관, 마음의 근력은 이 청년이 앞으로 나아가는 데 맞닥뜨릴 고비마다 지혜를 발휘하게 할 힘이 될 것입니다. 푸른 나무 같은 이 청년이 앞으로 동료, 이웃들과 함께 멋진 숲을 이뤄가는 모습이 기대됩니다.

{ 추천의 글 }

1%의 차이, 그러나 근본적인 차이
- 미네르바가 던지는 질문 -

이혁규 청주교육대학교 교수 · 제19대 총장

책 제목부터 눈길을 끈다. 독자들도 마찬가지일 것이다. 초·중등교육을 넘어 고등교육에 이르기까지, 낡은 교육 시스템의 개혁이 전 세계적 화두가 되고 있는 오늘날, 미네르바 대학은 그 개혁의 선두에 선 상징적인 존재이기 때문이다.

이 책이 나에게 특별히 흥미롭게 다가온 데에는 개인적인 이유도 있다. 첫째 아들이 이 대학에 두 차례 지원했다가 고배를 마신 경험이 있기 때문이다. 당시 자기소개 포트폴리오를 준비하고, 온라인으로 진행되는 선발 시험에 참여하는 모습을 곁눈질로 지켜보며, 이 신생 대학은 과연 어떤 기준으로 학생을 선발하는지 큰 호기심을 가졌던 기억이 생생하다. 만약 아들이 그 관문을 통과했다면, 이 책의 저자처럼 색다른 교육 여정을 경험했을지도 모른다는 아쉬움이 남는다. 어쩌면 그런 개인적 관심 덕분에 책 전체가 더욱 흥미롭게 다가왔는지도 모르겠다.

무엇보다 인상 깊었던 것은, '세상에 없던 대학'이라는 미지의 세계에 과감히 도전한 한 한국 청년의 선택과 성장의 서사였다. 학벌 사회에서의 안정된 진로를 내려놓고, 7개국의 낯선 도시들을 옮겨 다니며, 언어의 장벽과 관계의 외로움을 이겨내고 자신만의 배움의 길을 만들어간 임지엽의 이야기는 그 자체로 감동이었다. 이 도전의 여정을 통해 그는, 선행학습·상대평가·획일적 줄자로 상징되는 한국 사회를 성찰할 수 있는 존재로 성장해 있었다. 그는 스스로가 말하듯, 도전을 받아들이는 사람에서 도전을 만드는 사람으로, 변화하는 세계에 순응하기보다 변화와 어우러지며 자신의 가치와 재미를 추구하는 사람으로 나아갔다.

흔히 기성세대는 오늘날의 젊은이들이 열정과 패기가 부족하다고 평가하곤 한다. 그러나 이 책에 등장하는 한국의 청년들은 그런 우려가 기우일 수 있음을 보여준다. 오히려 문제는, 세계의 기적을 만든 기성세대가 끝없는 비교와 경쟁의 습관에 갇혀, 미네르바 대학 같은 새로운 상상력으로 더 나은 사회를 설계할 능력을 잃어버렸다는 데 있는 것은 아닐까.

이 점에서 미네르바 대학의 사례는 한국 대학의 현재를 돌아보게 만든다. 저자가 언급했듯, 인간과 쥐의 유전자는 1%밖에 차이 나지 않는다. 미네르바 대학과 한국 대학 사이의 차이도 겉으로는 그 정도일 수 있다. 저자가 소개한 다양한 교육 방식이나 프로그램 가운데 한국 대학들이 모르고 있거나 시도하지 않은 것은 거의 없다. 4년 동안 7개 도시를 순회하며 공부하는 '노마드 방식' 정도가 눈에 띄는 차이일까. 하지만 나는 그보다, 그러한 제도를 가능케 하는 교육 철학과 가치관의 유무야말로 진정한 차이라고 생각한다.

문제는 제도의 유무가 아니라, 그것을 설계하고 실천할 철학의 빈곤이다. 이 점에서 미네르바와 한국 대학의 차이는, 유인원과 인간 사이의 '1% 차이'처럼 작지만 결정적인 것이다. 철학의 부재, 협력 역량의 결여 속에서 한국 대학의 개혁 프로그램들은 정규 교육과정의 혁신으로 이어지지 못한 채, 일회성의 비교과 활동에 머무는 경우가 많다.

학령인구의 급감으로 대학의 존립 자체가 흔들리는 이 시점에도, 한국 대학들의 대응은 여전히 안일하다. 학생 개개인의 성장을 끝까지 돌보며 역량을 길러주는 미네르바 대학의 노력과 비교해 보면, 한국 대학들이 교육에 두는 투자와 우선순위는 너무나 낮다. 그런 점에서 미네르바 대학의 철학과 실천에 대한 진지한 연구는 학생 개인의 선택을 넘어, 위기의 한국 대학 구성원들이 함께 고민해야 할 과제이다.

이제라도 한국 대학들은 미네르바 대학이 강조하는 'Right Question'을 스스로에게 던지며, 대학에 들어오는 모든 학생 하나하나의 성장을 위해 성찰하고, 과감한 혁신의 길로 나아가야 한다.

다시 책의 저자, 미네르바 졸업생의 이야기로 돌아가 보자. '좋은 교육을 받았다'는 말은 무엇을 의미하는가? 한국 사회에서는 대체로 안정된 직장과 보장된 진로를 떠올린다. 그러나 미네르바를 졸업한 저자의 삶은 여전히 도전하고, 모색하며, 실험하는 '탐험가'의 모습으로 가득 차 있다. 이 책은 우리에게 묻는다. 우리는 어떤 교육을 통해, 우리 사회의 젊은이들이 이 변화무쌍하고 할 일 많은 세상을 힘차게 항해할 수 있도록 도울 것인가? 이 질문 앞에서, 우리 대학과 사회는 더 깊고 넓게 고민하고, 진정한 혁신을 시작해야 할 것이다.

자신의 소중한 경험을 함께 나눠 준 저자에게 감사의 마음을 전하며, 이 추천사를 마무리한다.

{ 추천의 글 }

우리나라에서도
활발한 혁신대학 운동을 기대한다

김성근 전 충청북도 부교육감

 이 책은 10여 년 전부터 한국의 교육 관계자들에게도 소소히 소문이 전해져 온 미네르바 대학에 대한 입학-수업 활동-졸업과 관련된 구체적 체험 보고서이자 한 도전적인 청년의 성장보고서이다. 미네르바 학교는 2012년 미국 샌프란시스코에서 학부 프로그램의 일환으로 처음 도입되어 2019년 첫 졸업생을 배출하였다. 캠퍼스가 없는 대학, 모든 입학생들이 7개 나라의 도시에서 함께 문화를 경험하며 온라인으로 모든 수업을 진행하는 독특한 대학 운영 방식, 창의적이고 도전적인 교육철학 등이 의미 있는 성과를 거두며 높이 평가를 받아 2021년 본격적으로 대학으로 승격되었다. 이후 2022년부터 2024년까지 3년 연속으로 WURI 혁신대학 평가에서 1위를 차지했다. 지금 미네르바 대학은 높은 입학 경쟁률을 자랑하며 세계의 도전적인 젊은 청년들을 받아들이고 있다.

저자 임지엽 씨는 코로나19 팬데믹이 시작되기 직전인 2019년 9월 입학하여 대학 생활 중 절반 정도를 코로나19 팬데믹으로 자유가 묶여 있었긴 하지만, 이 책에서는 미네르바 대학에 다닌 다양한 학생들의 인터뷰를 덧붙여 생생한 미네르바 대학 생활을 리뷰하고 있다.

대한민국은 지금 인구절벽, 청년실업, 양극화 심화 등 심각한 사회적 위기에 직면하고 있다. 또한 인공지능, 로봇, 디지털 시대가 급격한 속도로 진행되면서 우리들 삶과 직업 생태계는 새로운 전환기를 맞이하고 있다. 직업 세계와 교육의 불일치 문제는 항상 지적되어 왔지만, 지금 대학들이 당면하고 있는 급격한 사회 변화에 대한 교육의 불일치 수위는 꽤 높아 보인다. 정권이 바뀔 때마다 지방대학 육성 방안이 제시되었지만, 재정적 지원에 그쳤을 뿐 혁신대학의 모델이 나온 사례는 크게 없어 보인다. 지금 사회변혁기에 제시되고 있는 서울대 10개 만들기 등의 정책안도 결국 입학 경쟁이 아니라 혁신적인 대학 운영 모델이 필요한 것이 아닌가 한다. 그간 교육 문제는 대입 문제를 중심으로 초·중·고에 집중되어 왔다. 그러나 그간 양적으로 팽창했다가 인구절벽과 수도권 집중에 직면하여 존폐의 기로를 맞이하고 있는 고등교육 기관들이 더 적극적인 혁신대학 방안을 내놓을 수는 없을까? 미네르바 대학은 대학 운영체제와 교육과정의 혁신을 보여주는 좋은 사례이다.

경기도 교육청에서부터 시작해 전국으로 확산된 초·중·고등학교 차원의 혁신학교 운동처럼, 대학에서 새로운 창의성과 도전의 철학을 정교하게 다듬어 혁신대학 운동이 활발하게 일어나면 어떨까? 세계 어느 곳보다 지성적 수준이 높은 우리의 대학 교수님들이 창의적 교육과정을 구성해서 집단지성의 상아탑을 꾸려나가면 어떨까? 그 새로운 혁신대학의 모델을 지방에 전략적으로 포스팅해 나가면 어떨까? 그럼 그 대학에서 요구하는 인재상과 입학 지침이 학원을 전전하는 중등학교 아이들의 학습 생태계를 바꾸어 놓지 않을까?

미네르바 대학에 다니고 싶은 아이들부터, 초·중등학교에서 미래학교 모델을 꿈꾸는 교육자, 그리고 우리나라에 새로운 형태의 혁신대학을 꿈꾸는 모든 이들에게 일독을 권한다.

2024년 봄,
하고 싶은 말을 온몸에 가득 담은 임지엽이란 청년을 처음 만났을 때….

프롤로그.
저는 미네르바 대학으로 갑니다! 18

1장.
세상에 없던 대학, 미네르바

미네르바 대학의 등장 24
세상에 없던 대학, 정말 없었을까? 26
    #미네르바답게 1: 미네르바의 꽃, HC
    #미네르바답게 2: 평가는 구체적으로
    #미네르바답게 3: 빙고 게임 같은 전공 선택
    #미네르바답게 4: 전 세계가 우리의 캠퍼스
슬기로운 7개 도시 생활 51
Civic project와 현지 기업과의 협력: 지역 사회와의 연결고리 54

2장. 꿈의 대학 선택

Your Admissions Decision 62
5 지원, 5 합격의 비결은 스토리텔링 66
미네르바, 갈까 말까? 71
미네르바의 입시 전형 75
    #1단계: 당신은 어떤 사람인가? (Starting Your Application)
    #2단계: 당신은 어떻게 사고하는가? (How You Think)
    #3단계: 당신은 무엇을 이뤄왔는가? (What You've Done)
미네르바가 꿈의 학교라면? Binding Enrollment! 84

3장. 미네르바에서의 첫 해

첫 학기 적응기와 새로운 학습 방식 90
첫 도시에서의 생활 96
Forum과 프로젝트 기반 학습 102

4장. 글로벌 교육 경험

각 도시에서의 경험과 문화 교류 110
    #미국, 샌프란시스코
    #인도, 하이데라바드
    #아르헨티나, 부에노스아이레스
    #대만, 타이베이
학문적, 개인적 성장 이야기 137
인턴십과 실무 경험 141

5장.
미네르바의 사람들

미네르바의 설립자 148
미네르바의 교수자 152
미네르바의 운영자 157

6장.
미네르바가 알려준 것들

진정한 협력의 의미와 가치 166
언어는 내 사고의 한계다 169
자신과의 관계의 중요성 177

7장.
현실적인 도전과 극복

미네르바를 선택하기 전에 184
영어의 어려움과 극복 방법 186
유학 생활의 현실과 경제적 어려움 191
치안 문제와 적응 과정 202

8장.
미네르바가 우리 사회에 던지는 메시지

기술 이전에 철학　208
질문하는 사람　211
문제 해결사로 사는 삶　216
미래 교육에 대한 제언　219
　#선행학습
　#사라지는 직업, 사라지지 않는 능력
　#배움을 연결하는 방법

9장.
미네르바, 그 이후

졸업, 그 후　234
미네르바의 흔적　238
의외의 반전　242
20대 중반으로 접어들며 생기는 고민들　246
끊임없이 잡부로　251

에필로그.
재밌게 살아도 괜찮은, 재밌게 살아서 근사한 삶　254

Prologue

저는 미네르바 대학으로 갑니다!

페이스북 커뮤니티 <진실 혹은 거짓: 재능 낭비>에 장난삼아 올렸던 '6 지원, 6 합격의 재능'이 예상치 못했던 뜨거운 관심을 받았습니다. 특히 글의 마지막 문장인 "저는 미네르바로 갑니다!"라는 말이 큰 반향을 일으켰던 것으로 기억해요. '도대체 서울대를 안 가고 간다는 미네르바는 어떤 학교지?'라는 의문으로 시작해서 다양한 매체에서 미네르바 대학(당시는 미네르바 스쿨)에 관한 이야기를 다뤘습니다. 2019년 5월이 되어서야 첫 졸업생이 배출되었기 때문에 미네르바는 어떤 학교인지, 실제로 어떤 것을 배우고 어떤 생활을 하게 되는지에 대한 구체적인 내용을 다루기에는 어려움이 있었을 겁니다. 그래서인지 '세상에 없던 학교', '혁신 학교', '100% 온라인 수업을 하는 학교', '4년간 7개국에서 공부하는 학교' 등 미네르바의 아주 파편적인 부분들만 주목을 받았습니다. 그렇게 미네르바 대학에 대한 모두의 이해가 제각각 다른 이상한 상황이 만들어졌죠.

학교 역사가 짧은 데다 한국인 학생이 어떤 과정을 거쳐 미네르바 대학에 들어가고, 어떤 경험을 하다, 졸업 후에는 어떤 삶을 살고 있는지에 대한 생생한 내용은 아주 부족합니다. 특히 평범한 환경에서 공부한 학생의 이야기는 전혀 없는 상황입니다. 이미 영어가 거의 모국어 수준인 학생이나 국제학교, 홈스쿨링 등의 특수한 환경에서 자란 학생의 이야기는 종종 보이지만요.

그러므로 한국의 보편적인 입시제도에서 고입, 대입을 경험한 후 미네르바에서 생활해 본 저의 경험을 궁금해하시는 분들의 마음을 백번 공감합니다. 입시를 준비하며 제게도 같은 질문과 고민이 있었으니까요.

제가 지금껏 만나본 분들의 질문은 모두 "미네르바는 보통의 대학교와는 아주 다른 학교잖아요."라는 말로 시작했습니다. 제 대답은 "글쎄요. 정말 아주 다를까요?"로 이어지고는 했죠. 2019년 9월에 입학해 2023년 5월 졸업장을 거머쥐기까지 제가 경험한 미네르바는 분명 특이하고 실험적이며, 그렇기에 신나고 흥미로운 학교가 맞습니다. 하지만 새로운 것이 반드시 좋은 것, 더 나은 것은 아니라고 생각해요. 미네르바 대학이 어떤 전통은 유지하고, 어떤 것은 새로 만들거나 변형했는지를 따라가다 보면 '과연 우리 사회는 교육을 어떤 관점으로 바라봐야 하는가?', '한국 교육에 적합하게 재변형을 할 수는 없을까?'와 같은 중요한 질문에 대한 힌트를 찾을 수 있을 것으로 생각합니다.

런던, 영국

변덕스러운 날씨마저 사랑하게 한 도시.
빨간 이층 버스를 타고 온 런던을 누비다.

베를린, 독일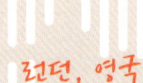

친구들에게 가장 많이 의존했던 학기.
'더 넓은 세상'이 마냥 아름답지만은
않다는 것을 알려준 도시.

샌프란시스코, 미국

미네르바의 시작과 끝.
기술과 자유의 도시, 안개 속에서
혁신이 태어난다.

부에노스아이레스, 아르헨티나

탱고의 나라,
있는 그대로의 삶을 사랑하는
사람들의 도시.

서울, 한국

한강을 건널 때마다
서울에서 사는 것이 학창시절의 꿈이었
다는 사실을 떠올린다.
전 세계에서 온 나의 친구들이
잠시 머물다 간 나의 나라.

타이베이, 대만

중국인 아버지와 일본인 어머니의 나라.
지하철은 조용하고 야시장은 뜨겁다.

하이데라바드, 인도

코딩과 커리의 수도.
미네르바 생활 중 가장 사치스럽게
보낼 수 있는 학기라고 불린다.

5장.
미네르바의 사람들

1장.
세상에 없던 대학,
미네르바

3장.
미네르바에서의 첫 해

6장.
미네르바가 알려준 것들

4장.
글로벌 교육 경험

2장.
꿈의 대학 선택

나는
미네르바 대학으로 간다.

8장.
미네르바가 우리 사회에
던지는 메시지

9장.
미네르바, 그 이후

7장.
현실적인 도전과 극복

2장.
세상에 없던 대학, 미네르바

미네르바 대학의 등장

　미네르바 대학은 4년 동안 7개국에 있는 주요 도시에서 생활하며 100% 온라인으로 수업합니다. 이때 주요 도시에서 '생활'한다는 것은 7개국에 각각 캠퍼스가 하나씩 있다는 의미가 아닙니다. 미네르바 대학은 캠퍼스가 없어요. 기숙사 Residence hall라고 불리는 건물이 있고, 그곳에서 학생이 거주하고 생활합니다. 수업도 듣고, 잠도 자고, 샤워도 하고, 친구랑 노래도 부르면서 말 그대로 거주민 Resident으로 살고 있는 것이죠. 그러므로 체육관, 학내 식당 등 보통 대학교에서 찾아볼 수 있는 기본 시설이 전무합니다. 교수님이 강의할 수 있는 강의실도 없죠. 대신, 포럼 Forum이라고 불리는 온라인 강의실에서 모든 수업이 이뤄집니다. 최대 18명의 학생이 한 수업을 듣고, 모든 수업은 녹화 강의가 아니라 정해진 시간에 시작하고 끝나는 실시간 강의입니다.

　이 특이한 대학은 전통적인 대학 교육 시스템의 한계를 극복하고자 설립되었습니다. 창립자 벤 넬슨 Ben Nelson은 전통적인 대학이 학생의 잠재력을 충분히 발휘하도록 돕지 못한다고 판단했습니다. 넬슨은 학생이 강의실에서 지식을 전달받는 데 그치지 않고, 사회에서 바로 활용할 수 있는 학습 경험을 통해 성장해야 한다고 믿었습니다. 이러한 신념이 미네르바의 혁신적인 교육 모델을 탄생시켰죠. 여기서 중요한 지점은 전통적인 대학 교육 시스템의 한계를 '극복'하는 것입니다. 즉, 기존 시스템을 개선하는 것이 초점이지 모든 것을 새롭게 만들어 내겠다는 의도는 아니었던 것이죠.

생활은 오프라인, 수업은 온라인. 이것이 바로 미네르바 대학교의 기본 골자입니다. 그렇다 보니 아주 넓은 관점에서 미네르바 대학교를 바라보면 '7개국을 돌아다니며 공부하는 학교' 혹은 '온라인 수업만 하는 사이버대학교'와 같이 거칠게 표현되고는 합니다. 하지만, 찬찬히 살펴보면 정말로 세상에 '없던' 대학의 모습은 물론이고 세상에 '있던' 대학의 모습을 그대로 유지하거나, 미네르바 대학 나름대로 약간만 변형시킨 요소도 분명히 있습니다.

세상에 없던 대학, 정말 없었을까?

사람 유전자의 약 99%가 쥐와 매우 비슷하다는 사실, 알고 계셨나요? 단 1%의 차이만으로 전혀 다른 결과가 만들어진다는 것이죠. 미네르바 대학도 비슷합니다. '세상에 없던 대학', '혁신 대학'이라는 이름으로 불리며, 마치 우리 사회에 처음 등장한 완전히 새로운 존재처럼 인식되곤 하죠. 하지만 제가 경험한 미네르바는 기존 대학과 상당히 닮아 있습니다.

한국의 대학생들은 '에브리타임'이라는 앱을 사용하더라고요. 대학별로 접속할 수 있는 자유게시판 역할을 한다고 들었습니다. 미네르바에는 학교에서 자체적으로 만든 웹페이지인 커뮤니티 포털 Community portal이 있습니다. 여기서는 수업 공지사항이나 행사 일정 등이 공유됩니다. 누구나 자유롭게 글을 올릴 수 있어서 교수님들이 독서 모임 회원을 모집하거나, 학생들끼리 유용한 학습 자료를 나누기도 해요.

7개국을 돌아다니면서 친구들과 소통은 어떻게 할까요? 기수마다 방식이 조금씩 다르지만, 저희 기수는 텔레그램 Telegram 단톡방을 만들어 온갖 이야기를 나눕니다. 한국 대학에서는 과별 단톡방을 만든 다고 하던데, 미네르바는 한 학년에 180명 정도이니 하나의 단톡으로도 충분했습니다. 다만, 정보가 뒤섞여 묻히는 문제가 생겨서 저희도 결국 단과 대학별 단톡방을 새로 만들었어요. 수업마다 새로운 대화방이 생기기도 하고요.

생활도 마찬가지입니다. 7개국을 순환하며 기숙사 생활을 한다는 점만 다를 뿐, 미네르바의 시스템 자체가 완전히 새로운 개념은 아닙니다. 그렇다고 무조건 기숙사에서만 생활해야 하는 건 아니에요. 원한다면 해당 도시에서 자취방을 구해도 괜찮습니다. 기존 대학도 기숙사를 운영하지만, 학생들이 자취를 선택할 때도 있으니까요. 차이라고 한다면, 전통 대학은 기숙사 수용 인원보다 학생 수가 더 많기 때문에 자취를 할 수밖에 없는 상황이 발생하기도 하잖아요? 하지만 미네르바에서는 낯선 해외에서 자취방을 구하기 어려운 점을 고려해 기숙사가 학생 수보다 부족한 경우는 없습니다.

미네르바에 동아리나 학회가 있냐는 질문도 자주 받습니다. 미네르바에서는 이를 학생 주도 활동Student Initiatives라고 부릅니다. 친목과 스펙을 쌓기 위한 수단으로 활용되죠.

미네르바식 수업 역시 전례가 없는 시도는 아닙니다. 토론식 수업, 조별 과제, 산학 연계 등은 이미 한국에서도 오래전부터 도입된 교육 방식이죠. 학생이 주도적으로 공부할 수 있도록 강의식 교육을 탈피한 환경을 만들고, 배운 내용을 실무에 적용할 기회를 제공하는 산학 연계 인턴십도 다양한 교육기관에서 활용하고 있는 방법입니다.

하지만, 인간을 쥐가 아닌 인간으로 만드는 것이 단 1%의 차이인 것처럼, 미네르바를 미네르바답게 만드는 것도 결국 아주 작은 차이에서 시작합니다. 미네르바가 처음 등장했을 때 모든 수업이 온라인으로 진행된다는 점 때문에 많은 사람이 "그럼 한국의 사이버대학교와 뭐가 다른가요?"라는 질문을 던졌습니다. 저는 이렇게 짧게 답하곤 합니다.

> "미네르바의 본질은 교육철학입니다. 그 외의 온라인 강의, 인턴십 프로그램 등은 단지 수단일 뿐이죠."

미네르바를 제대로 이해하려면 본질인 교육철학에 주목해야 합니다. 미네르바의 철학과 거기서 파생된 교수법을 이해하고 나면, 나머지 요소들이 어떻게 그 본질에 기여하는지 자연스럽게 알게 됩니다.

미네르바답게 1 _____ 미네르바의 꽃, HC

사고하는 방식을 가르칠 수 있을까요? 비판적으로 사고하는 방법, 창의적으로 생각하는 방법, 다른 사람과 효과적으로 소통하는 방법, 뛰어난 협상 능력, 훌륭한 리더십 같은 것들을 말이죠. 정량화하기 어려운 개념을 전수하는 일은 결코 쉽지 않습니다. 노하우는 배우는 게 아니라, 터득하는 것이라는 생각이 일반적이니까요. 하지만 미네르바 대학은 이조차도 가르칠 수 있다고 응답합니다.

미네르바 대학의 1학년 과정에는 전공이 없습니다. 대신 모든 신입생은 4가지 핵심 역량에 기반한 1년간의 공통 과정을 수강하게 되죠. 이 4가지 핵심 역량은 미네르바 교육의 중심에 자리 잡고 있습니다.

크게 '개인 능력'에 중점을 둔 2가지 역량과 '대인 관계 능력'에 중점을 둔 2가지 역량으로 나눌 수 있어요.

개인 능력에 해당하는 두 가지는 비판적 사고 Think Critically와 창의적 사고 Think Creatively입니다. 한편, 대인 관계 능력은 효과적인 상호작용 Interacting Effectively과 효과적인 소통 Communicating Effectively으로 구성되어 있습니다. 현대 사회가 요구하는 필수 역량을 체계적으로 익힐 수 있도록 설계한 것이죠.

미네르바 대학이 강조하는 4가지 핵심 역량

중점	핵심 역량
개인 능력	Think Critically (비판적 사고)
	Think Creatively (창의적 사고)
대인 관계 능력	Interacting Effectively (효과적인 상호작용)
	Communicating Effectively (효과적인 소통)

'비판적 사고'라고 하면 "도대체 비판적으로 사고한다는 게 무슨 뜻일까?"라는 질문이 자연스럽게 떠오릅니다. 미네르바 대학은 네 가지 핵심 역량을 정의하기 위해 각각의 목표를 세부적으로 설명합니다.

4가지 핵심 역량의 궁극적인 목표

핵심 역량	목적
Think Critically (비판적 사고)	주장, 결정, 데이터 및 문제를 평가하고, 기본적인 통계 도구와 논리적 개념을 적용하는 능력을 기른다.
Think Creatively (창의적 사고)	가설을 세우고, 새로운 해결책을 고안하며, 연구 방법을 적용하는 능력을 기른다.
Interacting Effectively (효과적인 상호작용)	협상, 리더십 등 다양한 방식으로 타인과 상호작용하는 능력을 기른다.
Communicating Effectively (효과적인 소통)	언어적, 비언어적 표현을 통해 다양한 매체로 의사소통하는 능력을 기른다.

모든 미네르바 학생은 이 네 가지 핵심 역량의 달인이 되도록 훈련받습니다. 이 과정에서 학생들은 지식을 다양한 분야로 연결하고, 여러 학문적 개념을 통합하여 복잡한 문제를 해결할 수 있는 사람으로 성장하게 됩니다. 이를 위해 특정한 사고방식과 원리를 반복적으로 연습하고, 다양한 상황에서 활용할 수 있도록 체계적인 학습 과정을 거칩니다. 미네르바는 이 학습 과정을 HC Habits of Mind and Foundational Concepts라는 독특한 개념으로 풀어냅니다.

HC는 두 가지 요소로 구성됩니다. 첫 번째는 사고 방식의 습관 Habits of Mind 으로, 연습을 통해 무의식적으로 발휘되는 인지적 기술을 의미합니다. 두 번째는 기초 개념 Foundational Concepts 으로, 다양한 상황에 적용할 수 있는 기본 지식을 뜻합니다.

공통 과정을 듣는 1년 동안 학생은 약 80개의 HC를 학습하면서 문제 해결, 혁신, 협업 및 의사결정에 필요한 기본적인 역량을 갖추게 됩니다. 예를 들어, #fallacies[1]는 논리적 오류를 찾아내고 바로잡는 것을 배우는 HC입니다. #correlation[2]은 상관관계를 적용하고 해석하는 기술을, #leadprinciples[3]는 효과적인 리더십 원칙을 적용하는 방법을 가르칩니다.

요약하자면, 미네르바 대학은 4가지의 핵심 역량을 기르기 위해 사고하는 습관과 기본 개념을 가르치고, 이는 HC라는 시스템을 통해 구체화합니다. 아래 표처럼 4가지 핵심 역량이라는 큰 개념 밑에 HC라는 하위 개념이 존재하는 것이죠.

각 핵심 역량 하위의 다양한 HC

핵심 역량	관련 HC의 예시
Think Critically (비판적 사고)	#fallacies, #gapanalysis, #decisiontrees
Think Creatively (창의적 사고)	#casestudy, #hypothesisdevelopment, #constraints
Interacting Effectively (효과적인 상호작용)	#complexcausality, #negotiate, #ethicalconsiderations
Communicating Effectively (효과적인 소통)	#audience, #thesis, #professionalsim

---

1) 논리적인 비약이나 잘못된 전제를 바탕으로 한 오류라는 의미의 단어로, 논리적으로 타당해 보이지만 실제로는 오류가 있는 주장이나 사고방식을 의미합니다. 쉽게 말해, 겉보기에는 그럴듯하지만, 논리적으로 틀린 생각이나 논증을 뜻합니다.
2) 상관관계라는 의미의 단어로, 두 개 이상의 변수 간에 연관성이 있다는 의미입니다. 한 변수가 변할 때 다른 변수도 함께 변하는 패턴이 보일 때 사용하는 단어입니다. 두 변수 간의 관계가 있다고 해서, 한 변수가 다른 변수의 직접적인 '원인'이 되지는 않는다는 점이 중요합니다. 이를 강조하는 유명한 문장으로 "Correlation does not imply causation(상관관계는 인과관계를 의미하지 않는다)"라는 말이 있습니다.
3) lead는 이끌다, principle은 원칙이라는 단어입니다. 두 개의 단어를 합쳐서 만든 미네르바 용어로, '리더십 원칙'이라는 의미로 해석할 수 있습니다.

비키 챈들러 Vicki Chandler, 임시 교무처장는 HC의 탄생 배경을 이렇게 설명합니다.

"미네르바의 커리큘럼은 다양한 고용주와 대학원 담당자들과의 인터뷰를 통해 만들어졌습니다. 그들에게 신입사원이나 대학원생에게 기대하는 점이 무엇인지 물어본 거죠. 대개 갓 대학을 졸업한 학생들은 특정 분야의 지식은 잘 알고 있지만, 이를 실무에 적용할 수 있는 실질적인 기술이 부족한 경우가 많으니까요." [4]

이처럼 미네르바의 교육과정은 HC를 통해 지식을 여러 학문과 업무의 경계를 넘나들며 적용할 수 있도록 설계되었습니다. 이는 추상적인 역량도 세분화하면 가르칠 수 있다는 미네르바의 교육철학을 바탕으로 하고 있습니다. HC는 직접 경험해보지 않으면 쉽게 와닿지 않는 개념인만큼, 미네르바의 핵심이자 차별화된 교육의 비법이라 할 수 있습니다. 1학년 때 배우는 HC는 4년에 걸쳐 모든 수업과 과제에서 끊임없이 적용되며 반복적으로 학습됩니다. 졸업할 즈음에는 비판적 사고 능력, 창의적 사고 능력, 효과적인 상호작용 및 소통 능력이라는 네 가지 핵심 역량을 고루 갖춘 인재로 거듭납니다.

---

[4] Dr. Vicki Chandler on Minerva School's Innovative Education Model, National Science Board, 2019년 6월 5일, https://www.youtube.com/watch?v=HzVBBCQaDwY&ab_channel=NationalScienceBoard

미네르바답게 2 ____ 평가는 구체적으로

각각의 HC는 1점부터 5점으로 평가됩니다. 각 점수를 받기 위해 필요한 수준이 상세히 설명되어 있어, 학생은 어떤 방식으로 HC를 활용해야 "이 역량을 잘 갖추었다."라는 평가를 받을 수 있는지 명확히 이해할 수 있습니다. 미네르바는 HC에 정말 진심이라, 각 HC의 정의뿐만 아니라 활용 사례까지도 세세하게 적어 놓았습니다. HC라는 생소한 시스템을 처음 접하는 학생들이 다양한 상황에서 HC를 어떻게 적용할지 안내하기 위해서입니다.

HC의 정의와 평가 기준 예시

#Composition

Communicate with a clear and precise style.
Effective communication requires a clear and precise style that reflects the voice of the communicator and that is appropriate for the intended audience. Communications should use the fewest words necessary(they should respect the principle of "parsimony") and should select words carefully to be as clear as possible and to facilitate transitions from one idea to the next. Avoide passive voice, stilted diction, elaborate structure, and imprecision; write and speak simply, directly, and sincerely. Understand when to use paraphrase, quotation, or summary to incorporate necessary information smoothly in your communication.

명확하고 정제된 스타일로 소통하기
효과적인 커뮤니케이션은 전달자의 개성이 드러나면서도, 대상에 적합한 명확하고 정제된 스타일을 필요로 합니다. 의사소통은 가능한 한 짧은 단어로 핵심을 전달해야 합니다. 단어 선택은 명확화면서도 논리적 흐름을 돕는 방향으로 신중하게 이뤄져야 합니다. 수동태, 딱딱한 표현, 과도하게 복잡한 문장 구조, 모호한 표현은 피하세요.

글과 말은 간단하고, 직접적이며, 진솔하게 전달해야 합니다. 또한, 필요한 정보를 자연스럽게 통합하기 위해서는 언제 요약(summary), 패러프레이즈(paraphrase), 인용(quotation)을 써야 할지를 잘 판단할 수 있어야 합니다.

Example

To learn more about this HC, including examples, tips for strong application, self-study questions, and common pitfalls, review its HC Handbook page.

이 HC에 대해 더 알고 싶다면, 적용 예시, 효과적인 활용 팁, 자기주도 학습 질문, 자주 발생하는 실수 등을 포함한 내용을 HC 핸드북 페이지에서 확인해보세요.

Rubric

1 – Not enough information is present to determine whether there is any understanding or mastery of the learning outcome. Work is incomplete, contains a substantial flaw or omission, or has too many issues to justify correcting each one.

2 – Partial understanding of learning outcome is evident, but there remain gaps, errors, or flaws that are relevant to the application. The work needs further review or considerable improvement.

3 – Understanding of the learning outcomes is evident. Additional effort spent on revisions or expansions could improve the quality of the work, but any gaps, errors, or flaws that remain are not critical to the application.

4 – Understanding of the learning outcome is evident through clear, well-justified work at an appropriate level of depth. There are no remaining gaps, errors, or flaws relevant to the application. The work is strong enough to be used as an examplar in the course.

5 – Work uses the learning outcome in a productive and meaningful way that is relevant to the task and goes well beyond the stated and implied scope.

> **평가 기준**
>
> 1 - 학습 목표에 대한 이해나 숙련도를 판단하기에 정보가 부족함. 작업이 미완성 상태이거나, 핵심적인 오류 또는 누락이 있으며, 수정할 수 없을 정도로 문제점이 많음.
>
> 2 - 학습 목표에 대한 부분적인 이해는 보이지만, 적용에 있어 여전히 중요한 오류, 결함, 혹은 이해의 공백이 존재함. 전체적으로 추가 검토 또는 상당한 개선이 필요함.
>
> 3 - 학습 목표에 대한 이해가 전반적으로 드러남. 약간의 수정이나 보완을 통해 품질을 더욱 높일 수 있으나, 남아 있는 오류나 결함은 적용에 있어 치명적이지 않음.
>
> 4 - 학습 목표에 대한 명확하고 정당화된 이해가 적절한 깊이로 드러남. 적용과 관련된 오류나 공백이 전혀 없으며, 과제 수준이 높아 해당 과목에서 우수 사례(exemplar)로 활용될 수 있음.
>
> 5 - 학습 목표를 과제 맥락에 맞게 의미 있고 생산적인 방식으로 활용하며, 제시된 범위를 뛰어넘는 수준으로 확장함.

그렇다면, HC의 평가는 언제, 어떻게 이루어질까요? 미네르바에서 평가는 매 수업, 모든 순간 이루어진다고 해도 과언이 아닙니다. 크게 두 가지 방식으로 나뉘는데, 하나는 수업과 직접 관련된 평가이고, 다른 하나는 과제를 통한 평가입니다.

수업 관련 평가는 수업의 초반에 제시되는 시작 질문 Prep poll, 수업 중 발언, 그리고 수업 종료 직전 마무리 질문 Reflection poll 중 하나를 무작위 선택해 진행됩니다. 반면, 과제 평가는 한 달에 한 번씩, 한 학기에 4~5개 정도의 과제를 통해 이루어지죠. 과제는 주로 에세이 형태이지만, 수업에 따라 약간의 변주가 있기도 합니다. 컴퓨터 공학 수업에서는 코드를 제출하거나, 인문학 수업에서는 동영상을 제출하는 것처럼요. 과제의 형태가 어떻든 공통적으로 학생의 사고 과정,

문제 접근 방식, 해결 논리를 평가합니다.

이런 과제를 해결하기 위해서는 그간 배운 내용에 대한 높은 이해가 필요하죠. 교수자로서는 단순히 잘 암기했느냐, 개념을 잘 이해했느냐를 넘어 배운 내용을 학생 스스로 어떻게, 얼마나 적용할 수 있는지를 볼 수 있으므로 배움의 넓이와 깊이를 평가하기에 아주 이상적인 평가 방식입니다.

한국에서 서술형 문항은 종종 논란이 되고는 합니다. 학습자가 평가 결과에 불만을 제기하거나 평가 방식을 납득하지 못하는 경우가 있기 때문입니다. 이 문제를 해결하기 위해서는 교수자와 학습자 간에 공정한 평가에 대한 신뢰가 있어야 합니다. 교수자는 학생이 이해할 수 있는 점수를 주고, 그 이유를 충분히 설명해야 합니다. 학생은 평가를 존중하되, 부당하다고 느낀다면 합리적인 이유를 가지고 이의를 제기해야 하죠.

미네르바의 평가 시스템이 잘 작동한 이유는 두 가지입니다.

- 평가 기준이 명확하게 제시되어 있어 교수자와 학생이 기대치를 맞춘 상태에서 평가가 이루어진다.
- 특정 점수를 준 이유를 교수자가 아주 구체적으로 설명한다. 심지어 더 높은 점수를 받기 위해 무엇을 추가로 고려해야 했는지에 대한 의견도 제공한다.

HC 단위로 평가가 되기 때문에 학습자로서는 정확히 어떤 역량이 부족했는지를 빠르게 점검할 수 있습니다. 더불어 학습자와 교수자 모두 평가 기준을 알고 있기에 어느 정도 서로의 기대치를 맞춘 상태에서 평가에 임할 수 있습니다. 물론, 미네르바의 HC 평가 기준도 완벽한 것은 아닙니다. 학생마다 HC라는 세부 역량을 적용하는 방법이 다양할 수 있으므로 평가 기준을 아주 좁게 잡을 수는 없기 때문이죠. 그래서 더더욱 평가자가 친절하게 점수의 이유를 설명해 주어야 합니다. 그리고 실제로 미네르바의 교수진은 정말 많은 시간을 들여 HC에 1~5점을 준 이유를 상세하게 논평합니다.

학생은 에세이를 제출할 때 각주로 어떻게 해당 HC를 적용했는지에 대한 자신의 논리를 설명합니다.

각주로 어떤 문단 혹은 문장에 HC를 적용했는지 설명

when there is a mismatch between employers and employees.[5]

Proposals and efficacy evaluation

	Problem	Solution [6]
Private Party	Recruitment decisions are heavily relying on relationship and superficial level data,	HR prediction model like Google's people analytics (Sullivan, 2013). → Predicting potential performance of candidates just like predicting

[5] #welfare: While explaining information asymmetry and externalities, I have pointed out how welfare decreases not only at the level of individual employees and employers but also at the level of society as a whole. It is caused by the ineffective resource allocation happening because of two reasons for market failure in Korean job market.

[6] #deduction: When coming up with solutions, I applied deductive reasoning by thinking the right problem first and how each step of the solution can deductively makes logical sense.

교수는 에세이의 전반적인 내용은 물론이고 각주까지 꼼꼼하게 살피면서 각 HC에 대한 피드백을 남깁니다. 3점으로 평가했다면 4점을 받기 위해서는 어떤 것까지 고려해 봐야 하는지도 알려주어 다음 과제에서 학생이 더 성장할 여지를 남겨주죠. 미네르바 대학에 다니면서 저는 단 한 번도 '내 점수가 왜 이렇지?'라는 생각을 해본 적이 없습니다. 과제에 대한 교수님의 코멘트가 점수의 이유를 충분히 설명해 주었고, 더 높은 점수를 받기 위해 어떤 점을 보완해야 할지 명확히 알 수 있었기 때문입니다.

교수님이 부여한 점수와 코멘트

Assignment Grades & Comments

Assessment Distribution:

This paper is well organized and also well written, but this place would be perfect for you to do one better and state a #thesis!

❹ #composition

전반적으로 체계적인 글이고 아주 잘 썼음. 하지만 #composition 대신에 #thesis를 쓰는 것이 더 적절했음.

This paragraph is making a strong point about how only some socioeconomic classes can play the expensive signalling game! But this is related to information asymmetries!

이 문단은 오직 일부 사회경제적 계층만이 이 게임에 참여한다는 점을 강하게 주장하고 있음. 그런데 이건 사실 정보 비대칭(information asymmetry)과 더욱 관련된 이야기임.

This is not an externality, but just the market adjusting to changes in the macroeconmoy. We would expect the supply and demand curves to shift here! In good economic times, the demand curve shifts to the right because companies are willing to pay more for workers because more people are buying their products

❸ #ss111-economicprinciples

이건 외부요인이 아니라, 그저 시장이 거시경제 속 변화에 적응하는 것임. 여기서 바로 수요와 공급 곡선이 이동하게 됨! 경제 상황이 좋을 때는, 수요 곡선이 오른쪽으로 이동하게 됨. 더 많은 사람들이 회사의 제품을 구매함에 따라 회사 또한 임금 수준을 높이기 때문임.

You are making a very good point here, but misclassifying the root of the problem (see other comment)

❹ #multiplecauses

여기서 아주 좋은 주장을 하고 있음. 하지만 근원적인 문제를 잘못 분류했음 (다른 코멘트 참고)

경제학 수업을 듣던 학기였어요. 하나의 국가를 정해 해당 국가에 적합한 경제 정책을 제안하라는 기말과제 Final 에 대한 피드백이 졸업한 지금까지도 선명하게 기억에 남아있습니다. 저는 한국의 경제 성장을 위해서는 대학 진학률을 줄이는 정책이 필요하다고 주장하며 해당 정책의 구체적인 실행 계획과 그것이 불러올 수 있는 경제적인 효과를 설명했습니다. 교수님의 마지막 코멘트가 아주 재미있는데요.

"When I first read your policy proposal, I thought it must be a typo, but you argue well using evidence and theory that there are too many people getting a college education (at least at this point in time) and this seems like a plausible way to address the issue. In a longer essay it would be interesting to think of the longer term effects that a program like this might have."

처음에 자네 정책 제안서를 읽었을 때 오타일 거로 생각했는데, 증거와 이론을 잘 활용해서 지금 시점에서 대학 교육을 받는 사람이 너무 많다는 주장을 잘했더군. 이게 문제를 해결할 수 있는 그럴듯한 방법으로 보이기도 하는구나. 더 긴 에세이에서는 이런 프로그램이 장기적으로 미칠 영향을 생각해 보는 것도 흥미로울 것 같다네.

전통적인 경제학 이론에서는 고학력 인구가 높아질수록 경제 성장이 촉진된다고 보는데, 저는 정반대의 주장을 펼친 셈이었으니 오타를 낸 것이 아닌가 생각하셨던 거예요. 그런데도 저의 주장에 대한 근거가 충분했다며, 더 연구해 보면 어떻겠냐는 제안을 주신 것이죠. 아쉽게도 저는 비즈니스 전공이라 경제학과 관련된 논문을 쓰지는 못했지만, 전통적인 이론이나 교수님의 생각과는 전혀 다른 주장을 함에도 그 논리에 공감해 주신 점이 아주 인상적인 경험이었습니다.

HC라는 체계가 없었다면 이렇게까지 세밀한 평가는 불가능했을 것입니다. 그리고 이런 구체적인 평가에 대한 열정이 없었다면 HC 자체도 존재하지 않았겠죠. 구체적인 평가는 미네르바를 미네르바답게 만드는, 제가 너무나도 사랑하는 미네르바만의 매력입니다.

미네르바답게 3 ____ 빙고 게임 같은 전공 선택

간단하게 1학년의 수업을 요약해 보자면 월요일부터 목요일까지 오전 9시~10시 30분, 오전 11시~오후 12시 30분으로 하루에 두 수업이 고정되어 있습니다. 총 4과목으로, 1학기에는 AH50, SS50, CS50, NS50을 2학기에는 AH51, SS51, CS51, NS51이라는 수업을 의무적으로 듣게 됩니다. 월, 수 혹은 화, 목으로 각각 두 과목씩 자동으로 배정됩니다. 그러니까 미네르바 1학년 학생은 수업 시간만 다를 뿐이지 모두가 같은 과정을 이수하게 됩니다.

미네르바 대학교 1학년의 수업 시간표

	월	화	수	목	금
09:00~10:30	AH50	CS50	AH50	CS50	공강
11:00~12:30	SS50	NS50	SS50	NS50	

숫자 앞의 알파벳은 각각 단과대학의 축약어라고 볼 수 있어요. AH는 Arts and Humanities, SS는 Social Sciences, NS는 Natural Sciences, CS는 Computational Sciences를 줄인 말입니다. 한국 시스템에 대입해본다면 각각 인문, 사회과학, 자연과학, 컴퓨터공학이 되겠네요. 신입생은 무전공으로 입학합니다. 즉, 특정한 전공을 정하고 들어오는 것이 아니기 때문에 1학년 수업은 네 개의 단과대학 수업에 필요한 기본 역량을 학습하는 시간으로 구성됩

니다. 미네르바에서는 이를 코너스톤 코스 Cornerstone Course [5]라고 부르고요.

AH50, SS51은 수업 코드에 지나지 않습니다. 각 수업 코드 옆에는 과목명이 따로 붙어요. 예를 들어 AH50/51은 Multimodal communications, SS50/51은 Complex systems, NS50/51은 Empirical analyses, CS50/51은 Formal analyses라는 이름을 가지고 있습니다. 이름만으로는 도대체 무엇을 배운다는 것인지 도무지 감이 오지 않죠. 그래서 강의 계획표 Syllabus가 미네르바에서는 아주 중요한 문서로 자리 잡습니다.

미네르바 대학교의 강의 계획표(Syllabus) 일부

> **Session 3: Causal effects in experimental and observational studies**
>
> **Learning Outcomes**
> **#confoundingbias:** Understanding biases caused by confounding factors other than the main factor of interest
> **#econometricassumptions:** Understand the statistical and causal assumptions that econometrics methods require
>
> **Reading, Videos, and Other Preparation Resources**
> Cauzl: Learning causal inference, econometrics, and statistics (Course: Causal Inference, Module: The Potential Outcome Model, Lessons: 4-8)
> 🔗 http://cauzl.com
>
> Angrist, J. D., & Pischke J. S. (2014). Mastering'metrics: The path from cause to effect (pp. 1-33). Princeton University Press.
> 🔗 https://press.princeton.edu/books/ebook/9781400852383/mastering-metrics #preview

---

[5] 코너스톤(Cornerstone)은 초석이라는 의미의 단어입니다. 따라서 코너스톤 코스는 '초석이 되는 수업'이라는 의미를 가집니다.

이런 식으로 수강 신청 전에 총 몇 개의 대단원^{Unit}으로 구성된 지 훑어볼 수 있습니다. 또, 각 수업^{Session}에 어떤 HC와 어떤 학습 자료가 활용될지도 미리 살펴볼 수 있죠. 강의 계획표를 꼼꼼하게 읽으면 수업에서 어떤 내용을 배울지 꽤 구체적으로 파악할 수 있습니다.

수강 신청을 할 때부터 강의계획표를 볼 수 있기 때문에 과제 정보도 미리 알 수 있어요. 물론 수업을 듣지 않았으니 정확히 어떤 과제인지는 몰라도 어떤 시기에 어느 정도의 가중치^{Weighting}를 가진 과제가 나올지는 알 수 있죠. 그렇기 때문에 학기 시작 전부터 이미 어떤 주에 과제들이 몰려 바쁠지 파악하고 일정을 미리 조율할 수 있습니다. 미네르바 대학이 시간 관리$^{Time\ management}$ 역량을 얼마나 중요하게 여기는지가 잘 드러나는 시스템입니다.

과제 제출 일정과 성적 반영 가중치

Assignments

Note: Sunday is considered the beginning of the academic week for determining due dates.

Assignment Title	Weight	Released	Due
Assignment 1: Causal Graphs	4x	Sun, Week 1	Thu, Week 4
Assignment 2: Regression Analysis and interpreting results	5x	Sat, Week 6	Sat, Week 8
Assignment 3: Quasi-experimental methods	5x	Fri, Week 11	Fri, Week 13
Final project	6x	Mon, Week 13	Fri, Week 15

여기서 가중치가 또 하나의 재미있는 요소인데요. 예를 들어 8×인 과제의 경우 각각의 HC에 8번의 점수가 매겨진다는 겁니다. 수업 시간에 평가되는 HC는 1×인 점을 고려해 보면 이해가 쉬운데요. 한 HC에 대해 수업 시간에 2점을 받았다고 하더라도 8×인 과제에서 3점이나 4점을 받으면 해당 HC에 대한 점수가 쑥 올라가는 것이죠. 이는 미네르바의 철학이 진하게 드러나는 요소입니다. 수업 시간에는 당연히 잘 정리된 대답을 못 할 수도 있습니다. 수업 준비가 부족했을 수도 있고, 교수님이 예상치 못한 질문을 던졌을 수도 있고, 내용이 너무 어려워서 수업 시간 내에 빠르게 이해를 못 했을 수도 있죠. 하지만 과제는 충분하게 생각하고 고민할 시간이 주어집니다. 그런 과정을 거쳐 나온 깊은 이해가 빠른 이해보다 더 중요하다고 보는 것이죠.

HC는 어떤 과목인지에 무관하게 적용할 수 있고, 미네르바는 그런 간학문적 접근을 적극적으로 권장합니다. 학문을 넘나들며 여러 상황에 적용할 줄 알아야 한다는 것이죠. '아직 세상에 없는, 미래에 생길지도 모르는 어떠한 직업에도 대비할 수 있는 능력'이란 바로 다양한 사고방식을 유연하게 적용하는 것입니다. 그렇기 때문에 미네르바 대학이야말로 '세계 무대에서 다양한 문제를 해결할 수 있는 인재'를 길러내기에 최적의 시스템을 가지고 있다고 자신있게 말할 수 있습니다.

미네르바의 전공은 특정 수업을 모두 이수했을 때 하나의 전공으로 인정하는 구조입니다.

미네르바의 전공 옵션[6]

Arts & Humanities	Computational Sciences	Natural Sciences	Social Sciences	Business	Special Courses
Arts and Literature	Applied Problem Solving	Cells and Organisms	Cognition, Brain, and Behaviour	Brand Management	Neuroscience
Design Across the Humanities	Computer Science and Artificial Intelligence	Chemistry Across Scales	Designing Societies	Enterprise Management	Sustainability
Global and Comparative Humanities	Contemporary Knowledge Discovery	Earth and Environmental Systems	Economics and Society	Managing Operational Complexity	Interdisciplinary Digital Practices
Historical Forces	Data Science and Statistics	Matter and Energy	Empirical Approaches to the Social Sciences	New Business Ventures	
Interpretation and Meaning	Mathematics		Politics, Government, and Society	Scalable Growth	
Philosophy, Ethics, and the Law			Theory and Analysis in the Social Sciences	Strategic Finance	

　예를 들어 경영대학 아래에는 Brand Management, Enterprise Management를 비롯하여 제가 전공한 Strategic Finance까지 총 6가지의 세부 전공이 있습니다. 이런 세부 전공을 컨센트레이션 Concentration이라고 불러요. 다만 단과대학 아래에 있는 어떤 세부 전공으로 졸업하더라도 졸업장에 컨센트레이션은 표기하지 않아요. Bachelor of Science in Business와 같이 간단하게 기재합니다.

　미네르바의 2학년부터는 각 단과 대학별로 코어 코스 Core Course[7]

---

6) 출처: https://www.minerva.edu/undergraduate/
7) 코어(Core)는 핵심이라는 뜻이에요. 코어 코스는 학문의 중심이 되는 수업을 의미합니다. 한국 시스템에서는 전공 기초 혹은 입문에 해당합니다.

를 선택해서 들을 수 있고, 3학년과 4학년에는 컨센트레이션 코스 Concentration Course[8]를 들을 수 있습니다. 미네르바에서 전공을 선택하는 방법은 빙고 게임과 같아요. 코어 코스를 모두 이수하고 특정 조합의 컨센트레이션 코스를 들으면 그것이 나의 세부 전공이 되는 구조입니다. 쉽게 말해서 전공부터 정하고 그 전공에 속해있는 수업을 이수하는 것이 아니라, 관심 있는 수업을 몇 개 이수해보고 난 다음에 어떤 전공을 할지 계획할 수 있는 구조인 거죠.

아래는 비즈니스 세부 전공인데요. 예를 들어 B145, B155, B165 수업을 모두 들으면 Strategic Finance라는 세부 전공이 하나 완성되는 거죠. B154, B156을 추가적으로 이수하면 Scalable Growth라는 세부 전공도 완성되고요.

빙고게임 같은 미네르바의 전공 선택

	Brand Management	Strategic Finance	Managing Operational Copmplexity
New Business Ventures	B144 Needs Identification and Product Development	B145 Venture Initiation and Valuation	B146 Busines Operations
Scalable Growth	B154 Strategic Brand Leadership	B155 Capital Allocation and Value Creation	B156 Business Systems
Enterprise Management	B164 Brand Evolutiona and Reinvention	B165 Global Financial Strategy	B166 Business Optimization

---

8) 컨센트레이션(Concentration)은 집중이라는 뜻으로, 컨센트레이션 코스는 집중적으로 학문을 배우는 수업을 의미합니다. 한국 시스템에서는 전공 심화에 해당합니다.

고등학교를 졸업하자마자 무엇을 공부하고 싶은지 확실하게 알고 있는 경우는 굉장히 드뭅니다. 저만 해도 처음에는 컴퓨터 공학을 전공하고 싶었어요. 하지만, 2학년 때는 마케팅 수업에 집중했고 3학년이 되어서야 재무 수업을 본격적으로 들으며 전공을 확정했어요. 재무 전공으로 졸업하기는 했지만, 처음부터 그 전공을 정해두고 해당하는 수업만 듣지는 않았던 거죠. 대신, 여러 수업을 들어보면서 흥미를 확인하는 단계를 거쳤어요. 그다음에는 회사 생활에 수업 내용을 적용해 보면서 학교에서 이 수업을 듣는 게 더 도움이 될지, 회사에서 실무를 하면서 배우는 것이 더 효율적일지 계산했죠. 짧게는 2년, 길게는 3년에 걸쳐 다양한 수업을 들어보면서 어떤 공부를 더 하고 싶은지를 고민할 수 있다는 점이 미네르바의 특이한 전공 선택 시스템의 최대 장점이라고 생각합니다.

미네르바답게 4 ─── 전 세계가 우리의 캠퍼스

4년간 7개국. 미네르바 대학 하면 가장 먼저 떠오르는 키워드인 것 같아요. HC와 신기한 전공 선택 방법에 앞서 대부분의 사람이 생각하는 '미네르바다움'이니까요. 궁금하지 않으세요? 왜 굳이 7개국을 돌아다니면서 생활할까요? 평균적으로 4개월에 한 번은 짐을 싸고 푸는 번거로움을 감수하면서까지 말이죠.

첫 번째 이유는 다양한 문화 경험입니다. 미네르바Minervan[9]은 새

---

[9] 미네르바 학생들은 스스로를 미네르반이라고 부릅니다. 구글에 다니는 직원들을 구글러라고 부르는 것과 같아요.

프란시스코, 서울, 부에노스아이레스, 베를린, 하이데라바드, 타이베이, 런던 등 세계 각지에서 생활하며, 각 도시의 고유한 문화와 역사, 사회적 맥락을 직접 경험합니다. 이러한 경험은 단순히 책에서 배우는 것 이상으로 세상에 대한 이해를 넓히며, 다양한 문화적 배경을 가진 사람과의 교류를 통해 문화적 감수성을 기릅니다.

두 번째 이유는 실질적인 문제 해결 능력을 기르기 위함입니다. 각 도시는 고유한 문제를 안고 있습니다. 예를 들어 샌프란시스코는 노숙자 문제와 해수면 상승 문제가 심각한 반면, 부에노스아이레스는 인플레이션이 큰 문제죠. 미네르바 학생은 현지 프로젝트와 커뮤니티 참여를 통해 이러한 문제를 직접 탐구하고 해결 방안을 모색합니다. 이 과정에서 학생들은 수업을 통해 배운 이론을 실제 상황에 적용하며 문제 해결 역량을 쌓게 됩니다. 몇 가지 과제를 예시로 들어 볼게요.

- 샌프란시스코에 위치한 직원 10명 이상의 기업이나 조직(미네르바 제외)을 선정한 뒤, 그 조직의 성공을 가능하게 하는 조직 구조, 리더십, 팀워크가 어떻게 작용하는지 분석하기
- 베를린에서 상호작용한 조직을 선정한 뒤, 해당 조직의 마케팅 전략을 분석하거나 새로운 국가로의 시장 확장 전략을 수립하며, 수업에서 배운 개념을 실제 경험과 연결해 서술하기

이렇게 각 도시의 독특한 상황에 맞춰 창의적이고 혁신적인 접근 방식을 개발하는 경험은 학생들의 성장에 훌륭한 밑거름이 됩니다.

또다른 이유는 글로벌 네트워크 구축입니다. 여러 도시에서 생활하는 동안 학생들은 다양한 문화권의 친구들과 교류하며 자연스럽게 글로벌 네트워크를 만들어 나가요. 이는 졸업 후 세계 무대에서 활동할 때 중요한 자산이 됩니다. 미네르바 졸업생들은 각국에 흩어져 있음에도 불구하고 동기들과 정기적으로 교류합니다. 같이 창업을 하기도 하고, 서로에게 도움이 될 만한 사람을 연결해주기도 하면서요. 이러한 네트워크는 미네르바의 교육 목표 중 하나인 글로벌 리더로 성장하는 데 필수적인 요소입니다.

마지막으로, 자기 주도적 학습과 적응력을 기르는 것입니다. 4개월마다 새로운 도시로 이동하면서 학생들은 각자의 방법으로 환경에 적응하고, 자립심을 키우게 됩니다. 새로운 환경에 지속적으로 노출되면서 학생들은 예측하기 어려운 상황에서도 유연하게 대처하는 법을 배우고, 자신감을 얻게 됩니다. 각 도시에서의 독특한 경험은 학생들에게 새로운 관점을 열어 주며, 자기 주도적 학습의 기회를 제공합니다.

이렇듯 로테이션 시티 Rotation city에 해당하는 7개 국가와 도시는 아주 많은 요소들을 고려하여 선택되었습니다. 세계를 여행하는 것에 그치지 않고, 학생들이 진정한 글로벌 시민으로 성장할 수 있는 기회를 제공하기 위해서요.

샌프란시스코 생활 당시의 모습

슬기로운 7개 도시 생활

　미네르바 대학은 다양한 요소를 고려해 학생들의 학습과 성장을 위한 최적의 환경을 제공할 수 있는 7개 도시를 선정했습니다. 각 도시는 교육적, 문화적, 경제적, 그리고 사회적 측면에서 중요한 역할을 하며, 학생들이 다채로운 세상을 이해하고 경험할 수 있도록 돕습니다. 왜 로테이션 시티를 이렇게 구성했을까, 그 선정 이유를 제 나름대로 고민해 보았어요.

　샌프란시스코는 기술 혁신과 창업 정신의 중심지입니다. 실리콘밸리와의 가깝기 때문에 최첨단 기술 기업과 직·간접적으로 교류할 가능성이 크죠. 새로운 도전을 시작하는 1학년 학생들에게 잘 어울리는 혁신 정신과 기업가 정신을 배울 수 있는 최고의 위치가 아닐까요? 게다가 다양한 인종과 문화가 공존하고 있는 도시인만큼 시야가 자연스럽게 확장됩니다. 혁신을 꿈꾸는 동시에 다양성을 포용할 줄 아는 어른으로의 첫걸음을 이런 곳에서 내딛는다니, 정말 근사하지 않나요?

　베를린은 유럽의 역사와 현대적 변화를 동시에 경험할 수 있는 곳입니다. 독일의 통일 이후 급격히 변모한 베를린은 정치적, 사회적 변화의 생생한 현장이죠. 학생들은 이곳에서 유럽의 정치, 경제, 문화적 변화를 학습하며, 국제 관계와 정책 결정 과정에 대한 이해를 깊이 있게 배울 수 있습니다.

로테이션 시티가 특정 지역에만 집중되지 않도록 노력한 흔적이 드러나는 것이 바로 부에노스아이레스가 아닐까 싶어요. 부에노스아이레스는 남아메리카의 경제적, 문화적 중심지 중 하나입니다. 학생들은 라틴 아메리카의 역사, 정치, 경제적 도전 과제를 직접 경험할 수 있습니다.

하이데라바드는 인도의 정보 기술과 생명 과학 산업의 중심지로, 급속한 경제 성장을 경험하고 있는 도시입니다. 같은 혁신의 도시라고 해도, 샌프란시스코와는 느낌이 조금 다른데요. 급격하게 성장하고 있는 아시아 대륙의 가능성을 생생하게 느낄 수 있기 때문입니다.

런던은 세계 금융의 중심지 중 하나로, 국제 비즈니스와 경제를 배우기에 최적의 장소입니다. 금융 관련 전공을 공부하고 있는 친구들은 대부분 런던을 정말 좋아했습니다. 저도 마찬가지고요. 또, 영국의 다른 도시와는 다르게 런던은 다양한 인종과 문화가 어우러져 있어요. 길을 걸으며 만나는 모든 사람들의 출신 국가가 모두 다르다는 농담이 있을 정도로요.

서울은 이제 명실상부 아시아의 주요 경제 중심지입니다. 첨단 기술과 전통문화가 조화를 이루는 도시이기도 하죠. 학생들은 이곳에서 한국의 초고속 경제 성장과 문화적 발전을 목격합니다. 빠른 성장의 이면에 있는 여러 사회 문제들도 고민하게 되고요. 최근에는 한국이 세계적으로 문화강국으로 부상하면서 K컬처의 발상지에서 콘텐츠 산업의 가능성도 확인할 수 있게 되었죠.

타이베이는 미네르바 여정의 마지막 도시인데요. 기술 혁신과 자연이 공존하는 도시에서 학생들은 지속가능한 발전과 조화의 아름다움을 경험합니다. 특히 서울을 거쳐 타이베이까지 경험하며 동아시아의 서로 다른 모습을 학습하게 되죠.

미네르바 대학은 각 도시의 특성을 고려하여 학생들이 다양한 관점에서 학습하고 성장할 기회를 제공하기 위해 애쓰고 있습니다. 매해 학생들의 설문 조사 결과나 면담을 바탕으로 도시의 개수를 줄이기도 하고, 새로운 도시를 추가하기도 해요. 아직 개교 후 10년이 채 지나지 않은 학교인 만큼 많은 시도와 개선이 필요한 것은 당연합니다. 로테이션 시티 구성의 변화는 학교가 그만큼 역동적으로 변하고 있다는 증거이기도 하죠.

런던 생활 당시 모습

Civic project와 현지 기업과의 협력: 지역 사회와의 연결고리

미네르바 대학의 시빅 프로젝트^{Civic Project} 프로그램은 학생들이 지식을 실제 문제에 적용하고 지역 사회에 이바지할 기회를 제공하는 핵심 교육과정입니다. 이 프로그램은 학생들이 다양한 도시에서 단순히 생활해 보는 것에 그치지 않고 그 지역의 문제를 해결하기 위한 프로젝트를 수행하도록 장려합니다. 이를 통해 학생들은 이론을 실천으로 옮기고, 지역 사회와 긴밀한 관계를 맺으며, 지속가능한 변화를 끌어나갈 수 있는 능력을 배양합니다.

시빅 프로젝트는 학생들이 특정 지역 사회의 문제를 해결하기 위해 직접 기획하고 실행하는 프로젝트입니다. 학기 초마다 학교 차원에서 시빅 파트너^{Civic Partner}를 모집합니다. 학생들과 프로젝트를 함께 하고자 하는 기관은 대략적인 주제와 해결하고자 하는 질문을 담아 신청서를 제출해요. 프로젝트가 확정되면 학생들은 여러 주제 중 관심 있는 주제를 세 가지 정도 선택하여 신청합니다. 이후 담당 팀이 학생들의 신청 이유를 검토하여 가장 적합한 프로젝트로 배정합니다.

학교 차원에서 학생들에게 기대한 바는 크게 4가지입니다.

★ 전문적으로 전념하고 참여하기

학교 수업에 참석하는 것처럼 준비된 상태로 참석하세요. 모든 이해관계자의 시간과 투자를 존중하며, 이메일에 신속하게 응답하고 시간을 지키는 등 전문적으로 소통하고 상호 작용하세요.

★ 호기심을 가지기

주어진 과제와 시빅파트너는 물론이고, 더 나아가 이 프로젝트를 통해 함께하게 된 커뮤니티에 대해 배우세요.

★ 주도적으로 행동하기

다양한 문제(예: 팀 내부 문제, 시빅 파트너 관련 문제, 또는 결과물과 관련된 문제)를 능동적으로 해결하세요.

★ 시간 관리하기

학교 수업과 병행하기 때문에 시빅 프로젝트의 마감일은 생각보다 빠르게 다가옵니다. 미리 계획을 잘 짜두면 프로젝트에 대한 피드백을 더 자주 요청할 수 있고, 여러 번 개선 작업을 할 수 있습니다. 완성도 높은 최종 결과물을 제시간에 제출할 수 있도록 시간을 체계적으로 관리하세요.

시빅 프로젝트는 일반적으로 다음과 같은 단계로 이루어집니다.

★ 문제 파악 및 연구

학생들은 먼저 지역 사회의 주요 문제를 파악하고, 이에 대한 심도 있는 연구를 수행합니다.

★ 솔루션 개발

파악한 문제를 해결하기 위한 창의적이고 실현할 수 있는 솔루션을 개발합니다.

★ 프로젝트 실행

현지 기관이나 기업과 협력하여 솔루션을 실행에 옮기고, 그 과정에서 필요한 자원과 지원을 확보합니다.

★ 결과 평가 및 개선

프로젝트의 결과를 발표하는 날, 시빅 파트너들이 발표 자리에서 총평하고, 필요한 경우에는 학기가 종료된 이후에 해당 기관에서 인턴십을 하거나 지속해서 연락하며 프로젝트를 이어 나가기도 합니다.

저의 경우 1학년 때는 샌프란시스코의 비영리 단체에서 마케팅 캠페인을 디자인하고, 2학년 때는 크리에이터 소속사에서 2명의 크리에이터와 마케팅 전략을 기획했습니다. 3학년 때는 독일 기반 금융 스타트업이 원하는 인증을 취득하기 위해서 어떤 우선순위를 정해야 하고, 요소별로 어떤 액션 아이템을 추진해야 할지를 제안하는 프로젝트를 진행했고요.

회사에서 풀타임으로 근무할 때만큼은 아니겠지만 프로젝트를 기획하고, 기대치를 조정하고, 나름의 해결책을 구상해 오는 전체적인 흐름을 이해할 수 있는 시간이었죠. 특히나 시빅 프로젝트는 3~4명이 함께 참여하기 때문에 팀워크를 배우기에도 아주 적합합니다. 무임승차는 한국은 물론이고 전 세계를 막론하고 존재하는 문제거든요. 학교뿐만 아니라 직장 생활을 하면서도 드물지 않게 맞닥뜨리게 됩니다. 그럼에도 불구하고 어떻게든 프로젝트를 끌고 가야 하지요. 어떤 식으로 팀원들과 역할을 분배해야 할지, 얼마나 자주, 어떤 내용을 담아 여러 담당자와 소통해야 하는지를 1학년 때부터 4년 동안 배워가게 됩니다.

개인플레이를 잘하는 것은 상대적으로 쉬운 일이에요. 나만이 변수이기 때문에 나만 잘하면 되니까요. 하지만 팀플레이를 잘하는 사람은 귀합니다. 나를 비롯해 정말 많은 것들이 변수가 되기 때문에, 다양한 변수를 적절하게 통제하고 일정 수준 이상의 결과를 만들어 내는 인재는 예전에도, 지금도, 앞으로도 높은 가치를 가질 수밖에 없습니다.

미네르바를 졸업하고 1년 후에 제가 근무했던 회사 소속으로 시빅 파트너에 지원했어요. 두 개의 팀을 이끌며 총 두 가지의 프로젝트를 운영했는데요, 하나는 현 회사가 글로벌 시장에서 어떻게 차별화해야 할지에 대한 해결책을 고민하는 것이었고, 다른 하나는 새로 만들고자 하는 테크 블로그(Tech blog)를 어떻게 구성해야 할지 UI/UX 디자인을 제안하는 프로젝트였어요.

제가 학생으로 참여했을 때보다 학생들의 질문 수준이 훨씬 훌륭했던 기억이 납니다. 왜 기업에서 미네르바 학생들을 선호할지도 직장인이 되어보니 더욱 잘 느껴지더라고요. 질문을 통해 프로젝트의 범위를 좁혀나가고, 주어진 시간 동안 어떤 결과물을 가져올지 공유한 뒤 계속해서 피드백을 주고받으면서 프로젝트를 완성해 나갈 줄 아는 학생들이거든요. 2학년 학생들에게서 이런 인상을 받았는데 3학년, 4학년이 되면 얼마나 더 성장해 있을까요? 문제를 올바르게 정의하고 명확하게 의사소통하며 기대한 결과물을 만들어 낼 수 있는 능력의 조합은 쉽게 배울 수 없기도 하고, 어느 기업에서나 필요한 역량입니다. 이런 능력을 오랜 시간 갈고닦은 미네르반의 가치는 사회생활을 하면서 더욱 빛을 발하게 되겠지요.

미네르반은 시빅 프로젝트를 통해 단순히 한 도시에 '거주'하는 것이 아니라 '기여'하게 됩니다. 7개 도시를 수박 겉핥기식으로 여행하는 것이 아니라 제대로 경험해 볼 수 있도록 하는 강력한 도구죠. 지식 쌓기에만 매몰되지 않고 그것을 활용해 주도적으로 문제를 해결해본 경험은 곧 내공이 돼요. 그렇게 미네르반은 거대한 변화를 일으킬 수 있는 사람으로 거듭납니다.[10]

---

[10] 미네르바에 대해 혹 여전히 궁금한 부분이 남아있다면 미네르바 공식 홈페이지의 FAQ(https://www.minerva.edu/faqs/) 페이지를 참고하면 좋습니다. 매년 조금씩 바뀌는 요소들이 있다 보니 FAQ에 없는 내용은 미네르바 공식 홈페이지에 있는 챗봇을 통해 문의하거나 info@minerva.edu로 이메일을 보내면 구체적인 질문에 대한 답변을 빠르게 얻을 수 있습니다.

1장.
세상에 없던 대학,
미네르바

2장.
꿈의 대학 선택

3장.
미네르바에서의 첫 해

4장.
글로벌 고등교육 경험

5장.
미네르바의 사람들

6장.
미네르바가 알려준 것들

나는
미네르바 대학으로 간다.

8장.
미네르바가 우리 사회에
던지는 메시지

9장.
미네르바, 그 이후

7장.
현실적인 도전과 극복

2장.
꿈의 대학 선택

Your Admissions Decision

Your Admissions Decision. 2018년 11월 1일, 미네르바 대학에서 받은 이메일의 제목입니다. 입시 결과가 나왔으니 확인하라는 뜻입니다. 수능을 2주 정도 남겨두고 있었기에 합격 여부가 제게 미칠 영향은 상당히 컸습니다. 보통 3학년 1학기가 끝나면 내신은 내팽개치고 수능 공부에 몰두하기 시작합니다. 저는 난데없이 이 기간을 미네르바 입시를 위해 영어 회화와 작문 연습으로 채워왔고요. 수능 리듬이 모조리 깨져있었던 거죠. 미네르바 대학에서 불합격 소식을 받게 된다면 재수학원부터 알아봐야 할 처지였습니다.

미네르바 대학에 지원하고 나서부터 눈을 뜨자마자, 화장실을 갈 때마다, 수업 사이 쉬는 시간마다, 야간 자율학습 시간에 잠이 올 때마다 메일함을 들락날락했습니다. 4주 이내에 결과를 준다고 했으니 이론상으로는 언제든 결과가 나와도 이상하지 않았기 때문이죠. 아직도 선명히 기억합니다. 11월 1일, 쌀쌀한 아침이었습니다. 여느 때처럼 기숙사 전체에 요란하게 울리는 기상송을 들으며 일어나 여느 고등학교 3학년처럼 대충 교복을 걸치고서는 아침을 먹었습니다. 아침에는 어쩜 그리 잠이 쏟아지는지요. 아침 자습 시간에 졸림이 가

시지 않아 사물함에 기대어 습관적으로 메일함을 확인했습니다. 그 순간, 저는 '헙!' 하고 입을 틀어막았어요. '입시 결과Your Admissions Decision'라는 제목의 메일이 와있었기 때문입니다. 자리에 앉지도 못하고 온몸을 덜덜 떨며 열어본 메일은 다시 한번 더 가슴을 벌렁벌렁 뛰게 했습니다.

"Dear Jiyeop,
We have finished evaluating your application and are now able to provide your admissions decisions."

지엽, 지원서 평가가 모두 끝났으며, 지금 입시 결과를 확인할 수 있습니다.

미네르바 지원 결과 메일

이것이 메일의 전문이었어요. 메일 제목을 누르자마자 합격인지 불합격인지 바로 튀어나오는 것이 아니라 '결과 확인' 버튼을 눌러야 한다는 것입니다. 주변에 있던 몇몇 친구들과 함께 떨리는 마음으로 버튼을 눌렀습니다. 누르자마자 새하얀 화면이 나왔습니다. 기대했던 'Congratulations!' 대신에 짧은 영상이 시작되는 거예요. 그래서 붙었다는 건지, 떨어졌다는 건지 혼란스럽고 두렵기만 했습니다. 보통 불합격하면 구구절절 말이 길잖아요? 옆에 서서 함께 결과를 보고 있던 친구에게 "야, 설마 떨어진 애한테 이렇게 정성스럽게 영상까지 만들어 주진 않겠지?"라며 발을 동동 굴렀어요. 아주 궁금하시겠지만, 여러분 중 미네르바 대학을 꿈꾸는 분이 있을 수 있으니, 영상의 내용은 비밀로 남겨둘게요.

지금 영상을 다시 보니 30초 정도밖에 안 되더라고요. 그때는 30년같이 느껴졌거든요. 아무튼 이 30초 영상의 끝에는 빼곡하게 채워진 문서 하나가 떠올랐습니다.[1]

---

[1] 지금은 미네르바 대학(Minerva University)이지만 입학 당시에는 'Minerva Schools at KGI'라고 해서 KGI(Keck Graduate Institute)에서 진행하는 학위 프로그램으로 인가가 된 것이었거든요. 그래서 제 입학허가서에도 President of KGI의 서명이 있습니다. 몇 기수 아래의 후배부터는 Mike Magee(미네르바 대학 총장)의 서명이 있는 입학허가서를 받았을 겁니다.

October 31, 2018

Congratulations.

Dear Jiyeop,

I invite you to embark on an educational journey of vital significance. As a member of the Class of 2023 at the Minerva Schools at KGI, you will be among the few students who have been given this extraordinary opportunity at the most selective undergraduate program in the United States.

With this distinction comes a responsibility. At Minerva, you and your classmates will share four years of intensely rigorous and deeply rewarding learning. Together, you will experience the world while you gain the critical skills needed to tackle the most complex challenges we face. Once you graduate, you will be expected to excel, to work toward improving our collective future -- as a leader, an innovator, a thinker, and a doer.

On behalf of the faculty, staff, and greater KGI community, I want to acknowledge your success in reaching this moment: being selected to join the group of exceptional students that will form the Minerva Class of 2023. If you are prepared to accept your position among them, I look forward to meeting you in San Francisco.

Sincerely,

Sheldon Schuster
President
KGI

Minerva Schools at KGI | 1145 Market Street, Ninth Floor | San Francisco, California, USA 94103

합격! 합격을 했습니다. 미네르바에 갑니다. 7개국을 돌아다니면서 대학을 다닌다구요. 제 꿈의 학교로 가는 겁니다!

5 지원, 5 합격의 비결은 스토리텔링

'서연고서성한'으로 시작하는 노래를 우리는 줄줄 외울 수 있습니다. 서울대학교를 비롯한 명문대 진학은 비단 저만의 꿈이 아니라 한국 고등학생이라면 누구나 가지고 있는 꿈이니까요. 솔직히 저는 특정 대학교로의 진학이 꿈이었던 적은 없습니다. 꿈을 이루기 위한 무수한 수단 중 학벌이 가장 강력한 무기가 된다는 생각 정도만 있었죠. 그래서 저는 '꿈의 대학'이라는 말에 공감하지 못하던 사람이었습니다. 서울대학교에 가고 싶었던 것은 맞지만, 이는 그것이 꼭 이루고 싶은 '꿈'이었기 때문보다는 '한국에서 가장 좋은 대학'이기 때문이라는 단순한 이유였습니다. 국내 명문대학교의 철학이나 교육과정이 특별히 좋아서 꼭 가야겠다고 마음먹지는 않았어요.

결론적으로 2019학년도 입시에서 학생부 전형으로 서울대, 연세대, 고려대는 사회학과를, 한양대와 성균관대는 입학과 동시에 장학금을 준다는 정책학과와 글로벌리더학과에 지원했습니다. 운이 좋게도(물론 부단한 노력도 있었지만요) 5곳 모두 최종 합격했습니다. '5 지원, 5 합격'의 기적(?)이라는 키워드 때문인지 마치 제가 입시 전형과 준비 방법에 대해 처음부터 철저하게 계획을 세워서 내신-활동-자기소개서-면접까지 착착 차질 없이 준비한 것처럼 보일 수 있는데요, 사실은 정말 많은 진로 변경과 그에 따른 입시 전략 수정이 있었습니다.

현대청운고라는 선택을 하면서부터 가장 많이 들었던 말은 '문과 가면 재수다'였습니다. 그도 그럴 것이 제 모교는 약 180명 정도 되는 한 학년 내에서 이과:문과 비율이 150명: 30명 정도였거든요. 그럼 어떤 상황이 펼쳐질까요? 30명끼리 내신 경쟁을 하는 겁니다. 1등급 1명, 2등급 2명의 극한 경쟁에서 1등급 대는 물론이고 2등급 대의 내신조차 받기 어려운 상황에 부닥칩니다. 당연하게도 수시 합격률은 낮아질 수밖에 없죠. 그래서 재수를 각오한 것이 아니면 문과에 가지 말라는 충고를 참 많이도 들었습니다.

실제로 저는 의대에 가고 싶어서 내신 경쟁은 애초에 생각도 하지 않고 정시를 잘 대비할 수 있는 고등학교에 진학했고, 고등학교 1학년 내내 의대를 목표로 공부했습니다. 안타깝게도 저의 수학과 과학 성적은 보잘것없었고 심지어는 이 두 과목의 공부가 그렇게 재미도 없었어요. 의대에 가겠다고 재미도 없고 잘하지도 못하는 공부를 3년 동안 할 수는 없겠다는 생각이 들었죠. 그래서 1학년이 끝나갈 무렵 갑자기 문과에 가겠다고 폭탄선언을 하게 됩니다. 과학탐구보다는 사회탐구 공부가 훨씬 재밌었거든요. 한 자리에 몇 시간을 앉아서 공부해도 사회탐구 공부만큼은 매번 새롭고 짜릿했습니다.

문과를 선택하고 나서는 하루하루가 도전의 연속이었습니다. 어떤 대학의 무슨 학과에 가겠다는 생각도 없이 문과로 방향을 바꾸다 보니 고등학교 입학 때부터 명확한 목표를 가지고 온 친구들에 비해 정보가 너무 부족했어요. 사회탐구 과목에는 무엇이 있는지조차 제대로 파악 못 하고 있었을 정도였으니, 준비 안 되기로는 1등이었죠. 즉, 학생부 종합 전형으로 대학에 가겠다는 목적으로 학생부를 치밀하게 설계할 수 없었던 상태였던 겁니다. 더군다나 내신에서 좋은 등급을 받기가 굉장히 어렵다 보니 오히려 수능 성적을 잘 받아 대학에 가야겠다는 생각이 더 강했어요. 하지만 재미 추구형 인간인 저는 하고 싶은 일이 있으면 꼭 해야 했고, 그렇게 살다 보니 고등학교 3학년 때 생활기록부를 쭉 훑어보면 이야깃거리가 정말 많은 사람이 되어있었습니다. 천천히, 자연스럽게 학생부 종합 전형에 적합한 사람이 되었던 거죠.

고등학교에서의 진로는 스토리텔링이기도 합니다. 나의 평소 생각과 지난 행동을 꿰어 내가 왜 이 길을 걷고자 하는지를 한 편의 이야기로 보여주는 것이죠. 그럼 도대체 스토리텔링을 어떤 식으로 할 수 있을까요? 저의 학교생활기록부와 대입 자기소개서 내용을 토대로 예시(어디서도 볼 수 없는 저의 서울대학교 자기소개서입니다. 하하)를 하나 보여 드리고 싶습니다.

> 배움을 확장해 가는 과정에서 오는 즐거움이 좋아 과목을 통섭하며 공부했습니다. 1학년 영어 시간에 에이즈에 대한 과학 지문으로 조별 발표를 준비하면서 에이즈의 확산과 빈곤에 양의 관계가 있음을 알게 되었습니다. 이처럼 사회구조가 인간 생활에 영향을 미친다면 '사회구조가 사회적 약자를 만드는 것이 아닐까?'라는 궁금증이 생겼습니다.

이에 소논문 시간을 활용하여 '고등학생의 눈으로 바라본 대한민국'을 주제로 연구 활동을 하면서 경제, 교육, 성 등에 관한 다양한 불평등을 공부했습니다. 이 과정에서 사회의 복잡한 구조를 분석하고 설명하는 일에 흥미를 느끼게 되었고 사회문제의 기저에 있는 요소를 찾아내는 연구 활동을 꾸준히 해왔습니다. 그 예로 2학년 사회 문화 시간에 일탈 이론을 배우면서는 프랑스 테러에 작용한 사회적 기제에 관해 탐구했습니다. 세계화에서 소외된 이민자들이 겪는 차별에 따른 일차적 일탈 그리고 이를 일탈이라고 규정하는 사회적 순환 반응의 결과가 테러를 낳았다고 분석했습니다. 사회의 규정이 개인 혹은 집단의 행동을 바꿀 수 있다는 점이 흥미로워 문학 시간에 배운 명명 행위에서 나아가 프레임 이론을 찾아보았습니다. 무상급식과 보편 급식, 피해자가 부각되는 범죄 사건의 이름, 여성의 피해자화 등 하나의 문제를 해결하기 위해 만든 개념과 제도가 인간의 사고를 제한하고 있다는 것을 발견했습니다. 이를 통해 제도가 사고와 행동을 제한하는 것은 사회질서 유지에 있어서는 긍정적이지만 사회적 약자에 대한 인식과 공감의 폭 또한 제한할 수 있다는 것을 알게 되었습니다.

이처럼 각 과목에서 배운 내용을 연결해 커다란 망을 만드는 것을 목표로 학습하다 보니 하나의 관점이 아닌 다양한 관점에서 문제를 분석할 수 있는 인식의 틀을 가질 수 있었습니다. 이는 개별 과목의 이해도를 높이는 데도 도움이 되어 균형 잡힌 공부를 할 수 있었습니다. 앞으로는 사회학과로 진학해 인간과 사회에 대한 깊은 이해를 바탕으로 더 많은 사람들이 사회적 약자와 연대할 수 있는 방법을 찾아가는 공부를 하고 싶습니다.

3년에 걸친 활동 중 제가 보여주고 싶었던 모습은 '통섭'이었어요. 나는 공부'만' 잘하는 학생이 아니라 공부'도' 잘하는 학생이라는 메시지를 주고 싶었거든요. 이런 메시지를 가장 잘 뒷받침 할 수 있는 활동들을 골라 하나의 이야기로 만들어 낸 것입니다. 그렇다면 이 모든 활동을 계획적으로 했을까요? 제가 아무리 치밀하다고 해도 3년치 계획을 세울 수는 없었습니다. 심지어 입학 당시에는 의대에 진학하고 싶었으니, 사회학과랑 전혀 관련이 없는 진로 계획이죠. 하지만 똑같은 활동을 해도 나의 진로에 맞춰 이야기를 재구성할 수는 있어요. 의대에 진학하고 싶었다면 에이즈에 대해 발표하고 의학적인 관점에서 연구를 더 해볼 수 있었을 겁니다.

별다른 목표 의식이 없을수록 좋은 점들이 많이 찍히기도 합니다. 계산된 행동은 어느 순간 티가 나는 반면, 내가 정말 관심을 가진 일을 하며 남긴 흔적들은 그 어떤 것보다 진실할 수밖에 없거든요. 어떤 점이든 일단 여기저기 많이 찍어두고 나면 이후에 연결하기는 쉽습니다. 나의 다양한 모습 중에서 내가 강조하고자 하는 모습만 골라 하나의 이야기로 전달하면 됩니다. 처음부터 멋진 이야기를 만들기 위해 고민할 필요는 없어요. 나중에는 전혀 다른 이야기를 하고 싶게 될 수도 있으니까요.

고등학교 생활은 나의 진로를 하나의 이야기로 풀어내는 과정입니다. 시기마다 관심이 있던 주제에 대해 적극적으로 다양한 경험을 해본 것이 '5 지원, 5 합격'의 비결이라고 봐요. 비단 국내 명문대학 합격뿐만 아니라, 이렇게 호기심 가득한 눈으로 세상을 바라보며 여러 활동으로 꽉꽉 채워나간 3년의 시간 그 자체는 미네르바 대학에 도전하는 용기로도 이어졌습니다.

미네르바, 갈까 말까?

"대학교는 공부하러 가는 곳이 아니라 인맥을 쌓으러 가는 곳이다."라는 말이 요즘 따라 더욱 자주 들립니다. 부정할 수 없는 말이죠. 미네르바 대학이 한국에서 아주 많은 주목을 받는 것에 비해 국제적으로는 아직 유명세가 대단히 높지 않습니다. 미국의 하버드, 예일, 스탠퍼드 대학, 영국의 옥스퍼드, 케임브리지 대학과 같은 유수 대학들은 역사가 긴 만큼 동문도, 자원도 풍부합니다. 하지만 미네르바는 아직 10년도 채 되지 않는 짧은 역사를 가진 학교예요. 학교의 간판이 주는 힘보다 경험 그 자체가 중요하다면 자신 있게 미네르바를 추천해 드립니다.

고등학교 2학년, 저녁 전 마지막 자습 시간이었던 것으로 기억합니다. 엄마가 뜬금없이 미네르바 스쿨이라는 학교가 있다며 "우리 딸이랑 참 잘 맞는 학교인 것 같으니 조금 더 알아봐."라고 하시지 뭐예요. 한창 내신 준비에 정신이 없었던 저는 "안 그래도 바빠죽겠는데 지금 이것까지 어떻게 준비해!"라며 탁 전화를 끊습니다. 그래도 내심 솔깃하긴 했나 봅니다. 미네르바 대학의 홈페이지를 들어가서 훑어보기는 했거든요. 대충 7개국을 다니며 공부하는 혁신 학교 정도로 이해해 두고는 그 후로 1년간 뇌리에서 싹 지워버렸지만요.

수능을 100일 정도 앞뒀을 때, 뜬금없이 이런 생각이 들었습니다.

'지금 미네르바 대학에 지원하지 않으면 평생을 두고두고 후회할 것 같다.'

운명이 있다면 이런 걸까요? 올해 반드시 이 학교에 지원해야겠다는 설명하기 어려운 강한 의지와 끌림이 있었습니다. 하지만 위험 부담이 너무 컸죠. 저는 학생부 전형으로 수시를 준비하고 있었고, 수시가 어떻게 될지 모르기에 정시도 대비하고 있었습니다. 여기에 유학 준비, 그것도 아무도 입시 방법을 알지 못하는 미네르바 대학이라는 이상한 학교 준비까지 얹었다가는 모든 것을 다 놓칠 수도 있는 상황이었습니다. 그래서 미네르바에 가고는 싶은데 지원할 결정은 선뜻 내려지지 않았죠. 이때 요긴하게 사용한 의사결정 방법을 알려 드릴게요.

방법은 아주 간단합니다. 각각의 길을 선택했을 때 내게 생길 수 있는 좋은 일 혹은 기회, 나쁜 일 혹은 위험 요소를 쭉 나열하는 겁니다. 그리고 좋음이 큰 순서대로, 나쁨이 큰 순서대로 줄을 세워보세요. 그러면 머릿속에서 둥둥 떠다니는 생각들을 종이로 옮길 수 있게 됩니다. 종이에 적힌 내용을 보면서 다시 차근차근 생각해 봅니다. '정말 이런 기회가 생길까?', '이 기회를 잡으려면 무엇을 해야 할까?', '이것이 정말 위험 요소일까?', '위험을 줄일 방법은 없을까?' 같은 생각들요. 이렇게 체계적으로 고민하다 보면 어느 순간 선택이 덜 무서워집니다. 내가 지금 생각할 수 있는 모든 위험과 기회를 다 알고 있고, 결정할 때는 이미 그것을 감당할 것이라고 결심한 후이기 때문입니다.

돌이켜보니 이 학교에 갈까 말까도 아니고 지원할까 말까를 결정하는 데까지 정말 많은 고민이 필요했네요. 당시 제 비교표는 다음과 같았습니다.

미네르바에 간다면

우선순위	Chance (기회)	Risk (위험)
1	7개국을 여행할 수 있음	불합격하면 재수해야 할 수도 있음
2	영어를 조금 더 일찍 접할 수 있음	학교 정보가 너무 없음 - 사기 의심
3	입학할 때 전공을 정하지 않음	졸업생이 너무 적음(이제 1기 졸업함)
4	전 세계의 친구들을 사귈 수 있음	가족, 친구와 멀어짐
5	졸업 후 미국 취업이 조금 더 쉬움	영어로 수업을 따라가기 어려움

미네르바에 가지 않는다면

우선순위	Chance (기회)	Risk (위험)
1	수시, 정시 준비에만 집중할 수 있음	나중에는 지원할 용기 사라질 수 있음
2	국내 인맥을 만들고, 유지할 수 있음	대학원 때 유학 가면 영어 배우기 늦음
3	가족, 친구와 가까움	전 세계 친구를 사귈 기회는 잘 없음
4	아플 때 병원에 거절 없이 바로 갈 수 있음	7개국 여행을 시간 내서 하기 어려움
5	한국 대학교는 정보가 풍부함	미국 취업이 굉장히 어려워짐

미네르바 대학을 알려준 건 엄마였지만, 그런 엄마조차도 수능이 코앞인 상황에서 갑자기 미네르바 대학에 가겠다고 하니 당황하시더라고요. 그래서 이 표를 다 써본 후에 부모님과 이야기를 시작했어요. 왜 미네르바에 가고 싶은지, 왜 지원 시기가 지금이어야 하는지, 가서 무엇을 하고 싶은지 등에 대한 생각을 나누었습니다. 막연히 미국이 가고 싶어서라거나 유학에 대한 환상 때문이 아니라 나름의 이유가 분명했기에 큰 응원을 받으며 미네르바 입시 준비를 본격적으로 시작할 수 있었습니다.

미네르바의 입시 전형

국내 대학의 입시만을 준비했던 저에게 내신과 수능은 아주 중요한 시험들이었습니다. 아무리 좋은 활동을 했다고 하더라도 내신이 뒷받침되지 않으면 '공부는 못하면서 일은 많이 벌이는 학생'이라고 비칠 수 있으니까요. 누가 뭐라 해도 학생의 본분은 공부입니다. 그래서 저도 대부분의 한국 학생들이 그러하듯 성적에 집착했습니다. 당연히 답이 정해진 시험들에 익숙했죠. 하지만, 미네르바 대학은 지원 과정에서부터 기존의 대학 입시와는 다른 점이 많았습니다. 미네르바만의 독특한 평가 방식이 있거든요. 좋은 태도의 학생을 골라내고, 그런 학생들이 모여 결국 학교를 더욱 특별하게 만드는 방법, 궁금하시죠?

미네르바에 지원하면서 누군가 지원 과정을 찬찬히 설명해 주면 좋겠다는 생각을 많이 했어요. 물론 학교 홈페이지에서 대략적인 설명을 볼 수 있기는 하지만 실제로 지원해 본 학생에게 배울 수 있는 건 다르니까요. 학교에서 공식적으로 발표하는 내용에 더해 제 기억을 더듬어 지원 과정을 공유해 드리고자 합니다. 저는 2018년에 미네르바에 지원했으니, 지금의 입시와는 다른 부분이 있을 수 있습니다. 하지만 입시 철학은 물론이고 입시 과정의 전체적인 틀은 변함없이 유지하고 있으므로 지원을 염두하고 있는 분이 계신다면, 제 이야기가 작게나마 응원이 되었으면 좋겠어요.

1단계: 당신은 어떤 사람인가?
_____ Starting Your Application

제가 입시를 치를 때는 'Who you are'라는 이름을 가진 단계였는데 지금은 'Starting Your Application'이라는 조금은 딱딱한 이름이 되었네요. 이 단계에서 미네르바가 원하는 것은 아주 간단합니다. 기본 인적 사항을 확인하는 것인데요, 미네르바에서는 이를 아래와 같이 설명하고 있습니다.

"Our admissions committee looks at your academics and transcripts to gain insight into the kind of student you are and determine if Minerva University is an environment you can thrive in."

우리 입학위원회는 지원자의 학업 성적과 성적표를 검토하여 지원자가 어떤 학생인지 파악하고 미네르바 대학교가 지원자가 성공할 수 있는 환경인지 판단합니다.[2]

---

2) 미네르바 홈페이지: https://www.minerva.edu/undergraduate/admissions/

지원자의 이름, 출신 고등학교, 고등학교 성적 같은 것들을 묻는, 정말 어려운 것이 없는 단계인데 저는 꽤 오랜 시간 고전했던 것으로 기억합니다. 지원하는 학생들의 출신 국가가 다양하므로 고등학교 성적을 입력할 때 각 나라의 평가 방법들을 선택할 수 있게 되어 있습니다. 한국식 평가 방법도 있었는데요, 9등급제와 원점수로 두 종류가 있었습니다.

이러한 다양성을 고려하고 있음에도 불구하고, 한 대학이 전 세계의 모든 교육 시스템을 완전하게 이해하는 데는 어려움이 있어요. 제 교육과정 당시에는 9등급제와 절대등급을 병기하고 있다보니 원점수는 큰 의미가 없는 평가 요소였어요. 게다가 전국 단위 자사고의 학생 분포 특성상 '좋은 내신'의 기준이 일반 고등학교와는 다소 다릅니다. 그래서 미네르바 대학에서 제 고등학교의 특성을 파악하고 이해할 수 있을지는 의문이었어요. '절대등급은 A인데 어떻게 3등급, 4등급을 받을 수 있지?'라며 의심할 수도 있고요. 한국의 입시제도에 익숙지 않은 사람에게는 이해하기 어려운 구조일 수 있다는 생각에 이 평가 방식부터 자세하게 설명하기 위해 노력했습니다.

여기서 원어민 선생님의 도움을 많이 받았습니다. 미국 고등학교에는 학년별 카운슬러 Counselor가 있지만 한국 학교에는 보통 이러한 제도가 없습니다. 저희 학교도 마찬가지였고요. 하지만 미네르바 대학 지원 과정에는 카운슬러의 영역들이 몇 가지 존재합니다. 학생이 성적을 입력하면 카운슬러가 공식 성적표를 제출하는 식으로요. 다행히도 원어민 선생님 케빈 Kevin께서 국내 고등학교의 내신 산출 방법을 미네르바의 입학 담당관에게 이해시키기 위해 추가 기재란에 부가 설명을 달아주겠다고 하셨습니다. 그래서 저는 한국의 내신 산출 방식을 케빈께 설명해 드리고, 선생님께서 이해한 바를 영어로 적어주시면 같이 검토하는 작업을 여러 차례 반복했습니다. 누군가에게는 간단한 정보를 입력하는 단계이지만 저에게는 한국 교육의 평가 시스템과 그에 따른 자사고의 낮은 내신을 설명하는 것이 엄청난 과제였습니다.

  지금은 미네르바가 개교한 지 어느 정도 시간이 지나 지원자들의 데이터가 충분히 쌓여있습니다. 한국에서 사용하는 평가 시스템도 더 많이 이해하게 되었을 것이고요. 미네르바 지원을 고려하고 있다면, 혹은 그런 학생이나 자녀를 두고 계신다면, 제가 맨땅에 열심히 헤딩해 두었으니 걱정하지 말고 도전해보시면 좋겠습니다.

2단계: 당신은 어떻게 사고하는가?
_____ How You Think

  두 번째 관문은 시험입니다. 독해 Reading, 수학 Math, 창의력 Creativity, 작문 Writing, 구술 Speaking, 추론 Reasoning으로 총 6가지의 평가가 기다리고 있습니다. 유일하게 시간제한이 있는 영역이지만, 한 번에 모든 시험을 마무리하지 않아도 됩니다. 게다가 각 영역에 응시하기 전에 '예비 시험'을 칠 수 있게 해두었습니다. 성적에 반영되는 것은 아니고 어떤 식으로 시험이 진행되는지를 미리 맛보고 긴장을 풀 수 있는 용도로요. 본인의 상태에 따라서 유동적으로 시험을 치를 수 있어요. 단, 한 지원 분기[3]의 마감일 전에는 모든 시험에 다 응시해야 합니다.

독해와 수학의 경우에는 답이 명백하게 하나밖에 없는 시험입니다. 평균적인 한국 학생이라면 쉽게 해결할 수 있는 영역이라고 생각해요. 저는 영어가 가장 부족하다고 생각해서 급하게 SAT Reading 문제집을 사서 풀어보기도 했었는데요, 막상 시험에서는 그 정도로 어려운 단어들은 사용되지 않았습니다. 수학의 경우도 한국의 중학교만 잘 마쳤다면 무난하게 풀 수 있다고 생각합니다. 다만, 영어로 쓰인 수학용어들을 모르면 시간을 많이 소모하기에 저는 1단계 서류를 준비하면서 동시에 수학 용어들은 미리 익히기 위해 노력했습니다.

이 두 영역을 제외한 나머지 4개의 영역은 솔직히 문제를 풀면서도 답이 뭔지를 몰랐습니다. '답이 있기는 할까?'라는 생각이 들 정도로요. 작문이나 구술, 창의력은 정말로 정해진 답이 없는 것 같습니다. 주어진 제시문에 충실하게 자기 생각을 자유롭게 풀어나가면 됩니다. 합격한 후 친구들과 이야기를 나눠봤지만 결국은 '지금 생각해도 뭐가 정답인지 모르겠어. 정답이라는 게 있기는 한 거야? 내가 도대체 어떻게 여기 붙었지?'로 항상 귀결되더라고요.

미네르바의 입학시험은 대비할 수가 없도록 설계되었습니다. 족보나 예시 문제들이 나와 있지 않은 이유죠. 그래서 저는 '시험을 칠 수 있는 능력'을 준비했습니다. 미네르바의 모든 시험은 영어로 진행되고, 제가 준비할 수 있는 것은 더 나은 영어 실력이 전부였기 때문

---

3) 미네르바의 지원 분기는 총 3개로 나누어져 있습니다: Early Action, Regular Decision 1, Regular Decision 2

입니다. 3학년 1학기 기말고사가 끝난 이후로는 SAT Reading 공부, 원서 읽기, 영어 전화 등을 모두 활용했습니다. 또 한 분의 원어민 선생님인 사이먼Simon께도 매일 찾아가 작문 첨삭을 부탁드리고 교정을 받았어요. 시간을 정해놓고 특정한 문제에 대해 영어로 대답하는 연습도 병행했습니다. 사이먼과 케빈으로부터 영어 실력은 물론이고 정서적으로도 정말 많은 도움과 격려를 받았습니다. 지원하는 것을 포기하고 싶을 때마다 두 분의 응원이 든든한 버팀목이 되었거든요.

3단계: 당신은 무엇을 이뤄왔는가?
_____ What You've Done

   제가 전형을 치를 당시에는 'What you have achieved'라고 불렸던 단계가 이제는 'What You've Done'이라는 단계로 이름이 변했습니다. 미네르바 스쿨에서 미네르바 대학이 되었고, 전형 단계의 명칭도 딱딱하고 형식적으로 변했다는 생각이 들어 아쉽지만, 한편으로는 체계가 부족했던 학교가 많은 학생들을 경험하며 점점 단단한 체계를 갖춰가는 것 같기도 합니다.

   마지막 단계를 준비하면서는 지금까지의 삶을 돌아보게 됩니다. 그동안 지원자가 어떤 경험을 통해 무엇을 성취했는지를 묻기 때문입니다. 제가 국내 대학 입시를 치렀을 때의 학생부 종합 전형에서는 입시에 사용할 수 없는 활동들이 참 많았습니다. 학교장의 허가를 받지 않은 교외 활동이나 공인 인증시험의 성적, 올림피아드 수상 내역 등은 자기소개서에 기재할 수 없었죠. 하지만, 미네르바 대학의 입시에서는 지원자가 생각하기에 중요하고 가치가 있는 것이라면 그 어떤 활동이라도 쓸 수 있습니다.

게다가 학술적인 내용에만 국한되지 않습니다. 공연 동아리 활동이나 학생회 활동도 본인에게 중요한 동기가 있었거나 그로 말미암은 가치 있는 결과만 있다면 무엇이든 좋습니다. 미네르바 대학교 홈페이지에서 그렇게 설명하고 있거든요.

"We will not give you a narrow definition of what achievement means. Instead, we will let you define this for yourself and show us your passions and achievements which can be anything from personal projects to your involvement in academic olympiads, literary or artistic works, employment experiences, and more."

우리는 성취의 의미를 좁게 정의하지 않을 것입니다. 대신, 여러분이 스스로 그 의미를 정의하고, 개인 프로젝트부터 올림피아드 참여, 문학·예술 작품, 직업 경험 등에 이르기까지 여러분의 열정과 성취를 보여주기를 바랍니다.

총 6개의 성취 경험을 쓸 수 있으며 각 칸에는 글자 제한이 있습니다. 반드시 정확한 수치나 증거자료로 뒷받침해야 하고요. 예를 들어 크라우드 펀딩을 했다고 가정을 하면, 언제부터 언제까지 활동했고, 얼마를 모금했으며, 어디에 어떻게 사용했는지를 구체적인 숫자와 함께 기재해야 합니다. 이에 더해 지도 선생님 혹은 관련인의 이름,

이메일, 연락처를 기재하라고 합니다. 미네르바 입학팀에서 사실성이 부족하다고 판단되거나 추가 자료가 더 필요하다고 생각되면 메일로 사실 확인을 요청해요.

저 같은 경우에는 관련 선생님들께서 한글로 추가 설명에 대한 글을 써주시면 영어로 번역해서 다시 선생님께 확인 받은 후 서명까지 받아 제출했습니다. 추가 자료를 입학팀으로 보낼 때 "이 파일은 원글을 번역한 것입니다."라는 말도 덧붙여서요.

이 단계는 지원자가 무엇을 자랑스럽게 생각하는지, 어떤 것에 가치를 두고 어떤 활동을 했는지, 그리고 그것이 커뮤니티에 어떤 영향을 미쳤는지를 이해하려고 하는 미네르바의 노력이 가장 집약적으로 드러나는 부분입니다. 자신이 무엇에 애정을 쏟았는지를 다시금 확인할 기회가 되기도 하고요. 지원 과정 내내 학생의 온전한 모습을 꿰뚫어 보려고 애쓰는 학교라는 생각이 많이 들었습니다. 그래서인지 제게는 미네르바의 지원 과정과 평가 방식이 아주 특별했고, 지금까지도 과정 하나하나가 기억에 선명하게 남아있습니다.

미네르바의 입시 전형을 소개해 드리며 저는 다음 두 질문이 떠올랐습니다.

한 사람을 이해하기 위해 우리는 어떤 질문을 던져야 할까?
우리 사회는 좋은 질문을 충분히 하고 있는 걸까?

대학교는 물론이고 회사에서도 늘 함께할 사람을 구합니다. 우리 학교와, 우리 팀 혹은 우리 회사와 잘 맞는 사람인지 알아보기 위해서 시험이나 면접을 보기도 하죠. 맞은 편에 앉아있는 사람의 삶과 철학을 온전하게 이해하기 위해서는 어떤 질문을 해야 할까요? 저는 미네르바 대학의 입시 3단계가 아주 좋은 시작점이라고 생각합니다. 우리는 서로에게 더 자세히 물어야 합니다. 학업 외에도 많은 시간을 쏟아부은, 스스로가 의미 있다고 생각하는 일은 무엇인지, 그 과정에서 무슨 생각을 했고 어떤 것을 배웠는지요. 혹은 직무 관련 외에도 어떤 일들에 열정을 가지고 꾸준히 해오고 있는지, 어떤 동료가 되고 싶은지 같은 질문들이요.

  이런 질문들을 하기 위해서는 지원자도 준비를 꼼꼼하게 해야 하고, 면접자도 진실한 관심이 있어야 합니다. 서로에게 적합한 사람을 찾겠다는 열정을 가지고요. 점수나 정량적인 성과와 같은 단편적인 지표 너머에도 존재할 수 있는 다양한 지표들을 고려하기 위해 좋은 질문을 더욱 많이 던지는 사회가 되었으면 좋겠습니다. 물론 어려운 일임을 알지만, 오히려 그래서 더욱 많이, 섬세하게 궁금해해야 합니다.

미네르바가 꿈의 학교라면?
Binding Enrollment!

　확정 등록 Binding Enrollment 은 미네르바 대학만 가지고 있는 특별한 시스템은 아닙니다. 많은 미국 대학교에서 Early decision[ED] 혹은 Early acceptance라는 이름의 유사한 시스템을 가지고 있다고 해요. 한국에서는 낯선 시스템이기도 하고, 저도 국내 입시만 준비했기에 생소하고 두려웠던지라 꼭 자세하게 설명해 드리고 넘어가고 싶습니다.

　이 시스템을 한 문장으로 설명하면 "입학처에서 빠르게 결과를 알려줄게. 대신, 우리 대학에 합격하면 반드시 등록해야 한다!"라는 약속이라고 볼 수 있습니다. 미네르바는 여러 번의 입시 시기가 있어요. 2025학년도 입시를 기준으로 Early Action은 11월 1일, Regular Decision 1은 1월 3일, Regular Decision 2는 2월 21일에 마감했습니다. 해마다 세부적인 날짜는 조금씩 변동될 수 있지만, 시기는 유사합니다. 결과 발표는 지원 마감일을 기준으로 한 달 반 정도 걸리고요. 이 중 가장 빠른 시기인 Early Action 시기에 지원하는 경우에만 확정 등록 선택이 가능합니다.

지원할 때 확정 등록에 동의하고 원서를 제출하면 합격 통보를 받는 즉시 반드시 미네르바에 등록해야 하는 조건이 붙습니다. 즉, 미네르바에 합격하면 무조건 등록해야 합니다. 이 점에서 큰 결단이 필요하지만, 미네르바 대학에 대한 확신이 있다면 매력적인 선택지가 됩니다. 4주 안에 전형 결과를 알려주거든요. 확정 등록 옵션을 통해 합격 통보를 받은 학생은 10일 이내에 등록금을 내야 하고요. 불합격의 경우에는 당연히 다른 대학교에 지원하거나 등록할 수 있습니다.

처음에는 이해하기 어려웠어요. '합격하면 무조건 다녀야 한다고?'라는 생각이 머릿속을 맴돌았죠. 그래서 자세히 알아보니, 미네르바 대학은 학생들에게 빠른 결정을 통해 불확실성을 제거하고, 미리 준비할 기회를 주기 위해 이 시스템을 도입했다고 합니다. 입학 여부를 빠르게 알 수 있으므로 다른 대학의 결과를 기다리며 불안해할 필요가 없습니다.

물론 이런 신속한 결정 뒤에는 큰 책임감이 따릅니다. 미네르바에 합격하면 반드시 등록해야 하므로, 다른 대학에 합격하더라도 미련이 없다는 확고한 결단이 필요해요. 이 때문에 미네르바를 선택할 때는 본인과 미네르바 대학이 정말로 잘 맞는지에 대해 깊이 생각해 봐야 합니다.

저는 그 어떤 학교보다 미네르바 대학에 가고 싶었기에 확정 등록을 신청해 지원했어요. 쇠뿔도 단김에 빼라는 말처럼, 맞을 매면 빨리 맞는 것이 낫다는 생각으로 결과를 조금 더 빨리 듣는 방법을 선택했습니다. 당연히 합격하고 나서 바로 등록은 마쳤지만, 한국 대입 기간과 겹치는 문제가 있었죠. 저의 미네르바 최종 합격 발표는 11월

1일 아침에 나왔지만, 수능은 2주 정도 뒤에 치러지며, 그 후부터 수시 1차 합격 발표와 면접 일정이 확정되니까요. 수시 1차에서 서울대학교, 연세대학교, 고려대학교가 차례로 합격 통지를 해주었습니다. 면접은 꼭 보고 싶었습니다. '내가 국내 명문대에도 합격할 수 있는 사람인가?'를 확인하는 것이 제게는 정말 중요한 일이었거든요. 그렇게 미네르바 대학교에 합격한 상태로 모든 3개 대학교의 면접을 치르고 최종 합격 발표를 받은 후, 혹시 이 과정 자체가 문제가 될까 봐 걱정되는 마음으로 미네르바 대학 입학처에 다음과 같이 문의했습니다.

지엽_ 저는 미네르바 대학의 binding enrollment로 합격했습니다. 이미 미네르바 대학에 등록은 했으나 12월 13일부터 21일 사이에 다른 대학으로부터 최종 합격 통보를 받았습니다. 미네르바 대학교에 등록하고 나서 다른 대학 등록을 포기했는데, 이에 따라 미네르바 대학교로부터 입학이 취소될 위험이 있을까요?

미네르바 입학처_ 알려줘서 감사합니다. 위의 내용은 미네르바 대학교 합격 상태에 영향을 미치지 않습니다.

보통은 확정 등록으로 합격하는 순간 다른 모든 대학교에 대한 지원 철회를 조건으로 내걸고는 하는데요. 제가 합격했던 당시에는 미네르바 대학교에 등록한다면 다른 학교에 면접을 보러 갔다거나, 합격했다는 사실을 문제 삼지는 않았습니다. 이는 매년 달라질 수 있으니 구체적인 상황에 대한 문의는 미네르바 입학처에 직접 문의하는 것이 가장 정확합니다.

국내 대학교의 학기는 3월에 시작하고, 미네르바 대학교의 학기는 9월에 시작하기 때문에 사실 한 학기는 국내 대학교에 다니다가 자퇴하고 미네르바 대학교에 갈 수도 있었어요. 합격생보다는 자퇴생이라는 소개가 훨씬 멋있기도 하고, 이력에도 도움이 되니까요. 실제로 해외 대학에 합격하고도 한 학기만 국내 대학교에 재학하는 경우도 왕왕 있다고 들었어요. 하지만 그렇게 되면 정시에서 수시 충원으로 1명 더 붙을 기회를 제가 빼앗는 것 같다는 생각에 모든 국내 대학교에 등록 포기서를 제출했습니다. 지금 돌아보면 참 순수했달까요?

　모교에서는 해외 대학 입시 자체가 정말 드문 경우이기도 하고, 미네르바 대학에 지원하는 1호 학생이었기 때문에 사소한 하나하나까지도 제가 미네르바 입학처에 물어가며 지원해야 했답니다. 합격 후에도 낯선 확정 등록이라는 시스템 때문에 온갖 걱정으로 입학처와 끊임없이 소통해야 했을 정도로 모든 과정 하나하나가 낯섦과 새로운 도전의 연속이었지만, 오히려 그렇게 적극적으로 물어보고 해결책을 찾고자 하는 자세를 미네르바 대학교의 입학처에서는 긍정적으로 평가했을 수도 있겠네요.

5장.
미네르바의 사람들

1장.
세상에 없던 대학,
미네르바

3장.
미네르바에서의 첫 해

6장.
미네르바가 알려준 것들

4장.
글로벌 고육 경쟁

2장.
꿈의 대학 선택

나는
미네르바 대학으로 간다.

8장.
미네르바가 우리 사회에
던지는 메시지

9장.
미네르바, 그 이후

7장.
현실적인 도전과 극복

3장.
미네르바에서의 첫 해

첫 학기 적응기와
새로운 학습 방식

미네르바 대학을 말할 때 빼먹을 수 없는 것 중 하나는 LBA Location-Based Assignment라는 특별한 과제입니다. 말 그대로 위치 기반 과제인데요, 여러 도시에서 머무는 만큼 학생들이 각 도시에서 더 깊이 있는 고민을 할 수 있도록 설계되었습니다.

1학년 1학기에 듣는 AH50이라는 수업에서 유토피아를 주제로 몇 차례 수업을 한 적이 있어요. 토머스 모어의 유토피아, 베이컨의 뉴 아틀란티스, 공자의 대동 사회, 마르크스가 꿈꾼 공산주의 사회를 배우며 '완벽한, 혹은 이상적인 사회란 어떤 모양일까?'라는 주제를 깊이 고민했던 수업이었죠. 이 수업의 마지막 과제로 '유토피아 탐구하기 Researching Utopia'가 출제되었습니다. 지금 머무는 도시(저의 경우 샌프란시스코)에서 한 장소를 골라서, 온라인 조사는 물론이고 현장 조사를 나가서 가설 기반으로 해당 장소의 유토피아적인 혹은 디스토피아적인 특징들을 작성하는 것이었습니다.

미네르바 에세이의 특징은 글자 제한이 굉장히 빡빡하다는 것입니다. 이 과제의 경우에는 1,500~2,000단어 이내로 작성해야 했죠.

많은 생각들을 잘 정리해 내는 능력을 배양하려는 의도일 것으로 생각합니다. 실제로 사회생활을 하면서 '읽는 사람이 편한 글'을 쓰는 것이 얼마나 중요한 것인지 뼈저리게 느끼고 있거든요. 장황한 글보다는 간결하고, 핵심을 빠르게 파악할 수 있되, 논리적인 결함 없이 잘 짜인 글쓰기가 중요한데, 미네르바는 4년에 걸쳐 강력한 글쓰기 능력을 키워주고 있는 것입니다.

우선 저는 미션 디스트릭 Mission district 에 있는 벽화('Mission Murals'라고 부릅니다)에 대한 에세이를 썼어요. 이 과제가 아니었다면 아마 굳이 가보지 않았을 장소에 가보면서 샌프란시스코의 관광객, 우연히 길을 지나가다 벽화를 발견한 시민, 예술가 등의 다양한 대상에게 '부정의란 무엇인가?'라는 질문을 떠오르게 하는 공간의 중요성을 발견하게 되었습니다.

Mission Murals 현장에서

수업에서 글로만 다루던 유토피아가, 일상 곳곳에서 어떻게 발견되고 적용될 수 있을지를 직접 길거리를 돌아다니며 고민할 수 있었습니다. 배움의 공간을 강의실로 제한하지 않고 우리가 살아가는 사회에서 새로 배울 것은 없는지, 그곳에 배움을 적용해 볼 부분은 없는지 학생들에게 끊임없이 고민하도록 유도하는 수업 방식에 저는 빠르게 빠져들어 갔죠.

재미있게도 미네르바에서는 수업을 '쨴다'라는 개념은 없습니다. 결석한 모든 수업은 보충 과제Make-up Assignment를 반드시 제출해야 하거든요. 성인의 자율과 책임에 많은 부분을 기대하고 맡기는 기존의 대학 교육과는 크게 다른 부분입니다. 단순히 '결석했으니, 학점을 낮게 줄게'로 그치지 않고 모든 수업 차시를 놓치지 않고 참여할 수 있도록 일종의 보호 장치를 만들어 놓은 것이죠. 미네르바의 수업은 이전에 배운 내용이 유기적으로 이어지다 보니 더더욱 필요한 장치이기도 합니다. 결석을 할 수 있는 횟수를 정해두고, 그 이내에서 결석하고 보충 과제만 제출한다면 학점에 영향을 받지 않습니다. 단, 결석 제한 횟수를 넘어가면 재수강을 해야 하는 제재가 있어요.

보충 과제가 있으니 100% 출석률일까요? 그렇지는 않습니다. 저만 해도 종종 자체 휴강하고 혼자만의 쉬는 시간을 가지고는 했어요. 몸이 안 좋을 수도 있고, 그냥 도시를 구경해 보고 싶은 날도 있을 수 있죠. 심지어는 매 수업이 평가다 보니 수업 준비가 잘되지 않은 날은 그 평가에서 도망치려고 일부러 수업에 들어가지 않기도 했습니다. 매일 영어로 된 기사, 논문, 문학을 읽고 수업을 준비해 가야 하는데 저의 영어 실력은 수능 영어에 멈춰있다 보니 10페이지가 넘어가는 글을 읽어야 하는 날이면 숨이 턱 막힐 정도로 막막했습니다.

원어민 친구들은 2~3시간 만에 책을 한 권 뚝딱 읽고 밖으로 놀러 나가는데 저는 2~3일 내내 종일 책만 붙잡고 있어도 한 권을 채 읽지 못했거든요.

한국에서 초·중·고등학교에 다니며 체화된 성실함, 수업에 결석하지 않는다는 규칙에 너무 목매지 않아도 된다는 말씀을 드리고 싶어요. 영어로 수업하는 게 익숙하지 않은 1학년에게는 수업 준비와 참여가 굉장한 부담일 수밖에 없어요. 이에 더해 새로운 도시와 낯선 친구들, 기존과는 전혀 다른 수업 방식. 이 모든 것들에 적응하는 것 자체만으로도 대단한 일입니다. 특히 한국에서 90점 정도는 되어야 좋은 점수라는 평가 방식에 익숙한 저와 같은 학생이라면 성적 문제로 꽁꽁 앓는 일도 잦을 겁니다. 하지만 돌아보니 1학년은 높은 성적을 받는 것에 목숨을 걸 시기가 아니었어요. 어떤 공부를 할 때 재밌는지, 미네르바에서 4년을 어떤 식으로 꾸며나가고 싶은지, 내 시간을 어떻게 쓸 것인지와 같은 보다 큰 질문들에 대한 답을 찾는 시기로 썼다면 더 좋았겠더라고요.

성적 스트레스를 벅벅 받던 제게 친구들이 매번 똑같이 해줬던 말인데요. "1학년 때는 낙제하지 않을 만큼만 하면 그걸로 충분하고도 넘친다."라는 말을 여러분께도 해드리고 싶습니다. 학년이 올라갈수록 영어가 익숙해지는 것은 물론이고, 점점 수업 준비와 과제 수행 요령이 생기면서 미네르바 생활의 난도가 낮아져요. 1학년만 잘 버텨낸다면, 그 후로는 그다지 어렵지 않으니 너무 걱정하지 않아도 됩니다.

첫 도시에서의 생활

미네르바 대학 첫 번째 도시에서의 생활은 설렘과 함께 새로운 도전의 시작이었습니다. 새로운 환경에 정말 빠르게 적응한다는 나름의 자부심을 느끼고 있는 저에게도 이 과정이 쉽지는 않았어요.

무엇보다도 첫 번째 도시에서의 생활은 경제적 어려움과의 싸움이었습니다. 매달 근로 장학금Work study으로 받는 돈은 약 50만 원. 부모님께 더 큰 부담을 지우고 싶지 않아 50만 원이라는 제한된 예산으로 고물가인 샌프란시스코에서 살아남기 위해서는 지금까지와 다른 생활 습관이 필요했습니다. 고등학교 때까지만 해도 삼시세끼 학교에서 나오는 급식을 먹고, 잠만 자면 되는 기숙사에서 편하게 생활했다면, 샌프란시스코에서는 식사 메뉴부터 시작해서 수업이 끝나면 생기는 개인 시간에 어떤 활동을 해야 할지 1부터 10까지 모든 것을 스스로 계획하고 실행해야 합니다.

줄일 수 있는 비용이란 비용은 다 줄이다 보니 1시간 이내의 거리는 무조건 걸어 다니며 3~4천 원가량 되는 교통비마저도 아꼈습니다. 외식은 당연히 생각할 수 없었고, 식비를 줄이기 위해 매주 하루는 일주일 치 크림 파스타를 만들어 21개로 소분해 놓고 일주일 동안 매일, 매끼 똑같은 밥을 전자레인지에 돌려먹었죠. 30센트짜리 사과와 1달러짜리 사과가 있다면 무조건 더 저렴한 것을 집었고요. 50만 원이 샌프란시스코에서 살아가기에 정말 부족한 돈이지만, 그래도 스스로 번 돈으로 생존할 수 있는 돈이기도 합니다.

정말 짠순이 같고, 저렇게까지 해야 하나 싶을 수도 있지만 이제 와 보니 생존을 위한 몸부림이 도시의 구석구석을 직접 체험할 기회의 시간이기도 했어요. 지금처럼 클릭 한 번이면 뚝딱 식재료가 배달되는 편리함을 누리는 대신, 30분씩 걸어가 끙끙거리며 직접 장을 봐오고, 그 길에서 샌프란시스코의 새로운 공간을 보기도 하고, 낯선 사람과 눈을 찡긋하며 인사를 나누기도 하고, 친구들과 시간을 더 보낼 수 있었어요. 가장 싼 맛집을 찾기 위해 친구들과 굳이 멀리 있는 부리토 가게에 다녀오기도 하고, 밤늦게 1달러짜리 도넛을 먹으러 20명씩 우르르 몰려가기도 했던 미네르바에서의 첫 1년은 오래오래 기억에 남을 듯합니다.

부족하게도 살아봐야 풍요로움도 감사한 마음으로 맞이할 수 있더라고요. 어머니께서 해준 말인데요.

"돈은 있다가도 없고, 없다가도 있는 거야. 부족하게 살아본 사람은 갑자기 돈이 없어져도 다시 일어설 방법을 알지만, 풍족하게만 살아 본 사람은 똑같은 상황에서 주저앉아 버리기 쉽단다."

나이가 들고, 사회생활을 하며 돈을 벌수록 더욱 공감하는 말입니다. 경제적으로 부족함을 느껴봤기 때문에 조금씩 성장해 나가는 기쁨도 알고, 앞으로 나아가기 위해 더 노력하는 사람이 되었으니까요.

미네르바에서 알차게 살아가려면 부지런함은 필수 덕목인데, 저는 보이는 것과는 달리 꽤 게으른 사람이에요. 누군가와 함께 시간을 보내는 것보다는 혼자 조용히 빈둥거리는 것을 훨씬 좋아할 정도로 내향적이기도 해요. 그래서 더더욱 자신을 밀어붙여야 학업, 친구 관계, 앞으로의 경력, 도시 경험을 골고루 쌓을 수 있었죠. 의도적으로 친구들과 보내는 시간을 늘리고, 행사가 있다면 웬만하면 모두 참여하려고 했습니다. 학년이 올라갈수록 미네르바에서도 결국은 친한 친구 그룹이 생기기 때문에 1학년 때만큼 모두와 함께 어우러져서 놀 기회는 점차 사라지게 되거든요.

저의 방은 3인 1실로, 우크라이나 출신의 마리나 Maryna와 케냐 출신의 매켄지 Makenzie, 그리고 제가 작은 방에 오순도순 모여 지내는 곳이었습니다. 옆방에는 한국에서 온 섭, 터키에서 온 아타한 Atahan, 아르헨티나의 토바이어스 Tobias, 베트남 출신의 투안 Tuan이 함께 지내고 있었죠.

1학기가 시작된 지 얼마 지나지 않았던 가을, 이 친구들과 코토팍시 Cotopaxi의 행사에 참여했던 기억이 납니다. 샌프란시스코 곳곳을 돌아다니면서 특정 장소에서 주어진 미션을 하고, 가장 많은 점수를 얻은 팀이 우승하는 재밌는 캠페인이었어요. 종일 친구들과 샌프란시스코의 구석구석을 쏘다니며 낯선 사람들에게 말을 거는 미션도 해보고, 푸릇푸릇한 잔디 언덕에서 굴러내려 오는 인증 영상도 찍었어요. 공원 안에서 만난 오리에게 밥 주기 미션도 해보고, 사람이 물고 있는 과자를 갈매기가 채가는 영상을 찍어오라는 미션을 하기 위해 바닷가에 앉아서 한참을 깔깔거리며 웃었던 기억도 나네요.

코토팍시 행사에서, 친구들과

코토팍시 행사뿐만 아니라 샌프란시스코에는 날이면 날마다 재밌는 일들이 일어나요. 다양한 연사를 초빙해서 강의를 진행하는 기관인 커먼웰스클럽 Common Wealth Club 에서 손님을 맞이하고 안내하는 봉사활동을 하면서 저도 슬쩍 끼어 강연을 청강하기도 했죠. 가장 편안하게 여기는 나만의 울타리 Comfort zone 에서 벗어나 불편한 일, 어색한 일, 끌리지 않는 일을 굳이 해보았습니다. 책상 앞의 공부만으로는 얻을 수 없는 친구와의 시간, 내가 미처 좋아하는지 몰랐던 일들을 발견하는 우연, 낯선 샌프란시스코라는 도시에서 느끼는 낯선 이들의 예상치 못한 다정함. 이런 작은 기억들이 차곡차곡 쌓여갈수록 도시 생활에 제대로 몰입하게 되었습니다.

물론 늘 생산적인 일만 하고 살 수는 없습니다. 지금까지 숨차도록 달려왔는데 잠시 비생산적으로도 살아보면 뭐 어떤가요. 저 같은 경우에는 미국인 친구와 연애하면서 학기 후반에는 틈만 나면 도시 구석구석을 쏘다녔습니다. 그 덕분에 영어만큼은 정말 많이 늘었고요. 완전히 다른 세상에서 살아온 사람을 온전히 이해하는 법도 배웠답니다. 낯선 곳에서 무조건적인 내 편이 있다는 건 또 얼마나 큰 위안이자 원동력이 되는지요. 이처럼 1학년은 미네르바에서, 또 어른으로서 세상에 내딛는 첫걸음인 만큼 학업에만 묻히기보다는 최대한 다양한 활동들을 해보면서 세상을 보는 시야를 넓혀가는 시기로 삼았으면 좋겠습니다.

다양한 활동을 계속해서 강조하고 있지만 그 부작용도 있습니다. 미네르바의 1학년은 필연적으로 소외불안감 FOMO, Fear Of Missing Out 을 겪어요. 참여할 수 있는 행사는 하루에도 서너 개가 넘고, 수업 준비는 물론 살림도 해야 하는데 시간은 제한되어 있다 보니 계속 무엇인가 놓치고 있는 것은 아닌가 막연한 불안을 느끼는 것이죠. 그런 불안을 나름의 방법대로 풀어나가는 법을 배우는 것 또한 1학년의 미션입니다.

저는 마음이 너무 힘들 때는 절친 마리나와 함께 피자 한 판을 사 들고는 차이나 비치 China beach 까지 걸어가 한참을 바닷가를 보고는 했습니다. 노래를 부르기도 하고, 같이 정신없이 춤을 추다가 바다를 향해 소리도 질러보고요. 몇 번이고 학교를 그만두고 싶었을 때마다 마리나가 옆에 있어 주었기에 견뎌낼 수 있었습니다. 옆방의 한국 친구인 섭이에게서도 정말 어른스러운 조언을 많이 받았고요. 두 사람 덕분에 무사히 졸업할 수 있었다 해도 과언이 아닙니다.

나만의 해결책이 친구일 수도, 연인일 수도, 공부에 몰두하는 것일 수도, 그저 잠을 자는 것일 수도 있어요. 잦은 변화와 그에 따른 불안과 긴장을 어떤 방법으로 해결할 것인가, 여러분 나름의 방법을 꼭 찾아보셨으면 좋겠습니다.

Forum과 프로젝트 기반 학습

　미네르바 대학의 실시간 온라인 수업은 포럼^{Forum}이라는 자체 플랫폼을 통해서 이루어집니다. 여러 나라에 거주하다 보니 모든 도시에 캠퍼스를 만드는 대신, 어느 곳에서도 수업을 실시간으로 들을 수 있도록 하는 것이죠. 포럼 자체가 특별한 기술은 아닙니다. 줌^{Zoom}이나 구글미트^{Google Meet}와 같은 온라인 미팅 플랫폼을 통해서도 실시간 온라인 수업이 가능합니다. 따라서 미네르바가 혁신 학교라고 불리는 것은 어떤 플랫폼이나 기술을 접목했기 때문이 아니라 그 플랫폼을 사용해 어떤 방식으로 교육할 것인가를 치열하게 고민했기 때문일 것입니다.

　미네르바 대학은 교수님이 일방적으로 지식을 전달하는 대신 학생들이 학습 과정에 능동적으로 참여할 수 있도록 전체 교육과정을 설계했습니다. 따라서 이에 적합한 플랫폼이 필요했을 것이고, 그렇게 포럼이라는 자체 플랫폼을 만들었습니다. 포럼을 기반으로 한 미네르바 수업의 가장 큰 특징은 다음과 같습니다.

★ 실시간 상호작용

모든 수업은 실시간으로 진행되어 학생과 교수 간의 즉각적인 상호작용이 가능합니다. 학생들이 질문을 하고, 토론에 참여하며, 피드백을 즉시 받을 수 있도록요. 학생들은 강의 내용을 수동적으로 받아들이는 것이 아니라, 적극적으로 참여하여 자신의 의견을 나누고 논의에 기여합니다.

★ 소규모 세미나

각 수업은 최대 18명의 학생으로 구성된 소규모 세미나 방식으로 운영됩니다. 소규모 수업은 교수와 학생 간의 긴밀한 상호작용을 가능하게 하며, 학생들은 수업 시간 동안 적극적으로 참여하고 질문할 수 있습니다. 교수는 학생들이 주도적으로 수업에 참여하도록 유도합니다.

★ 비디오 및 양방향 도구

비디오, 채팅, 퀴즈 등 다양한 대화형 도구를 활용하여 수업을 더욱 생동감 있게 만듭니다. 학생들은 실시간으로 의견을 나누고 활동에 참여하며 보다 쉽게 수업에 집중할 수 있습니다. 예를 들어, 교수는 수업 중 퀴즈를 통해 학생들의 이해도를 확인하고, 채팅을 통해 실시간으로 질문을 받을 수 있습니다.

★ 사전 준비 학습

수업에 참여하기 전, 학생들은 사전 준비 학습을 해야 합니다. 이는 강의에서 다룰 주제에 대해 미리 학습하고, 토론에 참여할 준비를 하는 과정입니다. 학생들은 사전 준비 자료를 통해 기본적인 지식을 습득하고, 수업 중에는 이를 바탕으로 심도 있는 토론과 문제 해결을 진행합니다.

★ 피드백과 평가

학생들은 지속해서 피드백을 받습니다. 교수는 수업 중 학생들의 참여도를 평가하고, 개선할 점에 대해 피드백을 제공합니다. 또한, 학생들은 동료 평가를 통해 서로의 의견을 듣고 발전할 기회를 얻습니다. 이러한 피드백 시스템은 학생들이 자신의 학습 과정을 스스로 점검하고, 지속해서 발전할 수 있도록 돕습니다.

5가지의 특징을 모두 구현할 수 있는 플랫폼이 없었기 때문에 포럼이라는 도구를 만들었을 것으로 생각합니다. 여러 번 강조하고 싶은 부분은, 미네르바 교육의 핵심은 커리큘럼에 있지 포럼에 있지 않다는 점이에요.

포럼을 사용한 수업 장면

위의 수업 장면에서 볼 수 있듯이 학생들은 실시간으로 이모지 Emoji를 사용해 웃음, 동의, 비동의, 엄지척 등을 표현합니다. 오프라인에서는 누군가 말을 하고 있을 때 끄덕이거나 웃음을 짓는 등의 비언어적 표현으로 생각을 표현할 수 있지만 온라인 강의에서는 작은 화면에 있는 상대방의 감정을 읽기 어렵다는 점, 여러 음성이 충돌하면 소리가 끊기는 점을 해결하기 위해 만든 사소하지만 강력한 장치이죠. 더불어 우측에 있는 수업 채팅창 Class chat에서는 제한된 시간 때문에 미처 나누지 못한 생각이나, 번뜩 떠오른 생각, 반대 의견은 물론이고 사소한 안부 인사와 칭찬 같은 가벼운 대화들도 실시간으로 오갑니다.

미네르바 대학의 또 다른 중요한 교육 방식 중 하나는 프로젝트형 과제가 많다는 점인데요. 학생들이 실제 프로젝트를 수행하면서, 이론을 실질적인 문제 해결에 적용할 수 있는 능력을 기르도록 돕기 위해서입니다. 앞서 말씀드린 LBA는 비단 1학년뿐만 아니라 전 학년에 걸쳐 학기마다 제시되는 과제에요.

3학년 1학기, 독일에서 생활하고 있던 당시 비즈니스 전공 수업인 B155 수업에서는 '자본 분배와 가치를 생산할 수 있는 성장^{Capital Allocation and Value Creating Growth}'을 주제로 한 학기 동안 다양한 세부 주제를 공부합니다. 이때, 학기의 마지막 과제는 LBA였고, 현재 머무는 도시에서 성공적인 소매점을 하나 골라서 가상의 컨설턴트가 되는 것이었습니다. 아주 기본적인 재무 개념만 알고 있는 사장에게 어떻게 하면 해당 사업의 현금과 운전자본을 잘 관리할 수 있을지, 비즈니스가 성장해 가면서 두 재무 요소의 관리 방법이 어떻게 달라질지에 대한 제안서를 쓰는 것이었습니다. 일주일에 한 번꼴로 자주 갔던 플래닛볼^{Planet Bowl}이라는 밥집을 골랐고, 이 과제를 하면서 그냥 밥만 먹던 가게를 내 사업인 것처럼 생각해 보고, 재무 이론을 바탕으로 어떻게 하면 이곳이 자본을 더 잘 관리할 수 있을지 고민하게 되었죠.

LBA뿐만 아니라 몇몇 수업에서는 아예 전 학기에 걸쳐 하나의 프로젝트를 수행하도록 만들기도 합니다. 전략적 브랜드 리더십 Strategic Brand Leadership을 배우는 B154와 같은 수업들이 있어요. 총 5번의 과제가 나오는데, 모두 유기적으로 이어지도록 설계되어 있습니다. 첫 과제로 브랜드 성장을 위해 어떤 프로젝트를 진행할지 제안서를 작성하고, 2~4번째 과제는 그동안 그로스 해킹Growth hacking[1]을 어떻게 진행했는지 설명하고 가설과 결과를 검증하도록 합니다. 마지막 과제에서는 이 모든 과정을 모아 이 브랜드의 성공을 도울 수 있도록 전략 제안서를 제출하게 됩니다.

결국 이런 프로젝트 기반 교육은 몇 가지 유사한 과정을 거칩니다.

★ **실제 문제 해결** 학생들은 각 도시에서 실존하는 문제를 해결하는 프로젝트를 수행합니다. 프로젝트를 통해 학문적 지식을 실제 상황에 적용하고, 현지 사회와 문화를 깊이 이해합니다.

★ **팀워크와 협업** 프로젝트는 주로 팀 단위로 진행되며, 학생들은 협업을 통해 문제를 해결합니다. 다양한 배경을 가진 동료들과 함께 일하며, 서로 다른 관점을 이해하고 조율하는 능력을 기릅니다.

★ **비판적 사고와 창의성** 프로젝트를 수행하면서 다양한 아이디어를 제시하고, 이를 구체적인 해결책으로 구현하는 과정을 경험합니다. 가설을 세우고, 자료를 수집하며, 이를 분석하여 결론을 끌어내는 방법을 학습합니다.

★ **지속적인 피드백과 평가** 프로젝트 진행 과정에서 교수와 동료들로부터 지속적인 피드백을 받습니다. 최종 평가에서는 프로젝트의 결과물뿐만 아니라, 과정에서 보여준 노력과 성장을 종합적으로 평가합니다.

---

1) 스타트업, 마케팅, 제품 개발에서 자주 쓰는 용어인데요. 최소한의 자원으로 빠르고 지속적인 성장을 이루기 위한 데이터 기반의 전략을 반복적으로 테스트하는 것을 의미합니다.

포럼과 프로젝트형 교육은 미네르바 대학의 교육철학을 실현하는 핵심 요소라고 해도 과언이 아닐 거예요. 이 두 가지 교육 방식은 학생들이 단순히 지식을 습득하는 것을 넘어, 이를 실제 상황에 적용하고 문제를 해결하는 능력을 기르는 데 중점을 두기 때문입니다. 세계적으로 경쟁력 있는 인재를 양성하고 있는 미네르바, 어떻게 느껴지시나요?

과제를 위한 조사를 핑계로
최애 식당인 플래닛볼에서.
우크라이나 친구, 지빙카와

5장.
미네르바의 사람들

1장.
세상에 없던 대학,
미네르바

3장.
미네르바에서의 첫 해

6장.
미네르바가 알려준 것들

4장. 글로벌 고육 경험

2장.
꿈의 대학 선택

나는
미네르바 대학으로 간다.

4장.
글로벌 교육 경험

각 도시에서의 경험과 문화 교류

 7개 도시 생활을 모두 알려드리면 후에 경험하실 분들의 재미를 방해하는 것 같아 몇 개 도시만 골라서 이야기해 보려고 합니다. 특히 제가 회사 생활을 병행하느라 다니지 않은 도시의 경우에는 미네르바 친구들과의 인터뷰를 통해 전해드리려고 해요. 같은 학교여도 무엇을 전공하는지, 어떤 목적으로 미네르바를 선택했는지, 어떤 성향의 사람인지, 어느 나라 출신인지에 따라 경험하는 내용이 완전히 다를 수 있습니다. 저를 포함한 총 4명의 미네르반이 어떻게 각 도시와 미네르바를 경험하는지 따라오시다 보면 보다 입체적으로 미네르바에서의 생활을 이해하실 수 있을 거예요.

미국, 샌프란시스코

샌프란시스코는 참 신기한 곳입니다. 높은 빌딩들을 중심으로 온갖 멋있는 테크 기업들이 모여있다 보니 비싼 레스토랑도 즐비해 있습니다. 도시 한편에는 노숙자들이 길 위에서 삶을 살아내고 있습니다. 마약 문제 하면 샌프란시스코를 떠올릴 만큼 노숙자들의 마약 중독 문제도 심각하고요. 이런 선명한 빈부격차를 보고 있노라면 '고상한 기술들은 누구를 위한 것인가?' 같은 생각들이 문득 들고는 해요.

'샌프란시스코에서 살아남은 학생은, 앞으로 그 어떤 고난과 역경도 헤쳐 나갈 수 있다.'라는 미네르바식 농담이 있을 정도로 샌프란시스코에서 보내는 1학년 생활은 상상 그 이상으로 힘겹습니다. 일단 물가가 정말 비싼 곳이다 보니 직업이 없는 유학생으로서는 생활비를 쪼개고 쪼개어 써도 부족한 곳이죠. 특히 처음 기숙사 생활이나 타지 생활을 하는 학생의 경우에는 더욱 적응을 어려워합니다. 한국에서부터 기숙사 생활을 해왔던 저조차도 매일 같이 지하 세탁실에 내려가 해야 하는 빨래, 1주일 동안 먹을 음식을 만들기 위해 사람들이 몰리지 않는 새벽 시간에 내려가 식재료를 정리하고 요리하는 시간, 아직 친해지지 않은 친구들과 친해지려고 어색하게 웃어보는 나날이 꽤 어렵게 느껴졌거든요.

더군다나 미네르바의 1학년은 전공이 정해져 있지 않다 보니 특별히 전공을 염두에 두고 입학하지 않은 학생의 경우에는 진로 고민까지 얹어집니다. 처음으로 영어로 논문을 읽고, 수업을 듣고, 친구들과 대화하는 것도 아주 벅찬데 말이죠. 저도 한국에서 나고 자란지라, 영어를 잘한다고 생각하는 편이었음에도 수업 준비를 하다가 자주 울고는 했어요. '왜 이렇게 힘든 길을 골랐을까, 왜 다른 친구들은 성적도 잘 나오고 교외 활동도 즐기는데 나는 왜 계속 못 할까?' 하면서요. 이때 선배들한테 정말 많이 들었던 이야기는 "나도 그랬어. 정말 안 믿기고 뻔한 이야기라고 생각하겠지만, 진짜로 1년만 지나면 다 괜찮아져." 였어요. 당연히 안 믿었죠. 하지만 놀랍게도 뒤의 인터뷰에서 알아채시겠지만, 1학년 샌프란시스코 학기만 지나고 나면 학교생활의 난도가 뚝뚝 떨어집니다. 정말 쉬워져요.

이유는 간단합니다. 언어란 것이 처음에는 잘 안 들리고, 머리와 입이 따로 놀지만 한 달이 지나면 영어가 들리기 시작하고, 세 달이 지나면 입이 트여요. 계속 영어로 듣고, 말하고, 쓰고, 생각하는 환경에 노출되다 보면 노력하지 않아도 자연스럽게 실력이 늡니다. 노력하면 두 배, 세 배로 빨리 늘고요. 그러니 1학년의 목표는 크게 잡지 않아도 됩니다. 제가 경험해 봤잖아요. "낙제하지 않을 정도로의 학점만 유지해도 충분히 잘하는 것이다.", "너무 스트레스받지 말고 친구들과의 관계를 잘 챙겨라."와 같은 선배들의 말이 하나도 틀린 것이 없더라고요. 그저 잘 적응하는 것, 1학년을 버텨내는 것만으로도 미네르바에서의 1년은 정말 큰 성장이 될 것이라 확신할 수 있습니다.

인도, 하이데라바드

지호는 저보다 3살이 많지만, 미네르바 후배이기도 합니다. 후배라고 하기에는 제가 지호에게 배운 것들이 너무 많아서 좀 머쓱하지만요. 외고를 다녀서 당연히 미네르바 생활이 어렵지 않았을 것으로 생각했는데, 누구나 적응하는 데 나름의 어려움이 있더라고요.

지호가 미네르바 대학을 선택한 이유는 삶에 대한 철학에서 출발합니다. 지호는 특목고 출신의 엘리트들이 모여있는 대한민국의 치열한 경쟁 사회 속에서 자랐어요. 하지만 직선적인 경쟁에서 성공하기 위해 노력하는 것이 자신에게 맞지 않다고 느꼈습니다. 지호의 말을 빌리자면 '썰 많은 입체적인 삶'을 살고 싶은 사람이다 보니 '그릇이 큰 나로 성장할 수 있는 곳'에서 공부하고 싶었다고 해요.

현대 사회에서 지식은 더 이상 희소하지 않으며, 구글 검색이나 MOOC, 그리고 ChatGPT와 같은 도구를 통해 누구나 접근할 수 있습니다. 지호는 지식의 축적보다는 이를 활용하고 표현하는 능력이 중요하다고 생각하는 사람이에요. 미네르바 대학은 그 기대에 부응했던 거죠. 외부에서 지식을 전달하는 '아웃투인 Out to in' 방식의 전통적인 교육이 아니라, 학생들이 적극적으로 사고하고 자신을 표현하며 한계를 넓혀가는 '인투아웃 In to out' 방식의 교육을 제공하니까요. 소규모 토론 중심의 수업을 통해 비판적으로 사고하고, 자기 아이디어를 설득력 있게 표현하는 능력을 키울 수 있다는 점이 지호의 마음을 흔들었던 거죠.

게다가 미네르바의 글로벌 로테이션 프로그램에서 세계 여러 도시를 경험하며 진정한 글로벌 시민으로 성장할 수 있다는 점이 매력적이었다고 해요. 샌프란시스코부터 베를린, 인도, 서울까지 다양한 문화와 환경을 경험하는 것이 세계관을 넓히고 글로벌 커리어를 준비하는 데 있어 중요한 기회라고 느껴졌던 것이죠. 서로 다른 문화적 배경과 관점을 배우는 과정에서 더 깊고 넓은 사고를 할 줄 아는 사람이 될테니까요.

결국 지호가 미네르바 대학을 선택한 이유는 단순히 학문적 목표를 이루기 위해서가 아니라, 자신만의 길을 걸으며 더 큰 가능성을 탐구하기 위해서겠지요. 도시별로 꼼꼼하게 미리 공부해 보고 다니는 친구라, 저보다 훨씬 풍성한 경험을 했더라고요.

지엽_ 지호, 하이데라바드에서는 얼마 동안 생활했어?

지호_ 12주? 13주 정도였지. 원래는 학기 초부터 들어가야 했는데, 일을 마무리하고 합류하느라 3~4주 정도 늦게 도착했어. 수업 끝나고는 1~2주 정도 여행도 하고 돌아왔지.

지엽_ 늦게 도착해도 괜찮았구나?

지호_ 응, 합당한 이유가 있으면 늦게 조인하는 것도 허용돼. 이럴 때는 학교의 시티 디렉터(City director)[1]랑 계속 커뮤니케이션을 해가면서 조정해.

지엽_ 인도, 특히 하이데라바드에 처음 갔을 때 어땠어? 첫인상이 궁금해.

지호_ 사실 인도라는 말을 듣지 않았으면 인도라고 생각 못 할 정도로 세련된 느낌이었어. 요즘 인도 프로그램에서도 나오잖아? 공항 같은 데는 진짜 깨끗하고 깔끔해. 나도 도착하자마자 크리스피크림 도넛부터 먹었거든.

---

[1] 각 도시 생활 전체를 관리하는 미네르바의 스태프

지엽_ 의외인데? 그러면 공항에서 기숙사까지는 어떻게 갔어?

지호_ 공항에서 택시 타고 기숙사까지 한 30~40분 걸렸어. 요금도 우리 돈으로 2만 원 정도밖에 안 나왔어. 내가 묵었던 기숙사 근처에는 하이테크 시티가 있어서 IBM 인도 지사, 구글 하이데라바드 지사 같은 큰 회사들도 다 걸어서 갈 수 있는 거리에 있었어. 진짜 판교 테크노밸리 같은 느낌?

지엽_ 생각보다 현대적이네. 하이데라바드에서의 일상은 어땠어?

지호_ 주로 기숙사보다는 근처의 쇼핑몰이나 위워크(WeWork) 같은 곳에서 공부했어. 위워크가 있다는 것 자체가 이미 엄청나게 발전했다는 뜻이거든. 그 멤버십 비용이 꽤 비싼데, 이걸 감당할 수 있는 고소득, 고학력자가 많다는 증거지. 몰에서는 생활용품을 사기도 하고, 영화도 보고, 지하 푸드코트에 가서 먹을 걸 사 먹곤 했어.

공항에 도착하자마자 먹었던 남부 인도 정식

지엽_ 그럼 기숙사 생활은 어땠어? 거기서도 편안하게 지낼 수 있었어?

지호_ 기숙사 환경은 말 그대로 레지던스 호텔 수준이었어. 학교 차원에서 치안을 신경 써서 거의 2.5~3성급 호텔 정도 되는 기숙사를 구했거든. 매일 아침 침대보나 베갯모도 갈아주고, 룸 클리닝도 해줘. 아침마다 클리닝 스태프가 7명씩 우르르 와서 관리해 줘. 필요하면 룸서비스로 아침부터 치킨이나 과일 같은 걸 시킬 수 있고. 생활비도 서울의 40% 정도라서 아주 저렴했어.

지엽_ 미네르바 1학년에 비하면 진짜 편하게 지냈네! 식사는 어떻게 해결했어?

지호_ 근처에 큰 몰이 있기도 하고, 인도는 배달 앱도 엄청나게 잘 되어 있어서 그냥 시켜 먹었어. 생활비가 저렴하니까 굳이 요리 안 하고도 살 수 있었거든. 다만, 애들이 마라탕 같은 특별한 음식을 먹고 싶을 땐 한국에서 가져온 마라 소스랑 배달로 시킨 재료로 요리해서 먹기도 했어.

지엽_ 나는 학교생활이랑 도시 경험 사이의 균형을 찾기가 정말 힘들던데, 너는 어땠어?

지호_ 사실 나는 인도 도착하기 전까지 일을 했어서 이번 학기에는 수업 준비는 최소한으로 하고 도시 경험에 더 집중했어. 로컬 사람들을 만나고, 주말에는 여행도 다니면서 이곳저곳을 많이 돌아다녔지. 하이데라바드에서는 건널목이 거의 없어서 차랑 눈치 게임을 하면서 걸어 다녀야 하는 것도 나름의 신선한 경험이었어.

지엽_ 오, 건강하게 돌아와서 다행이다. 하이데라바드에서 특히 인상 깊었던 경험이 있었어?

지호_ 학기 끝나고 인도 여기저기를 여행했는데, 그중에서도 갠지스강이나 다라비 슬럼 투어 같은 게 인상 깊었어. 또 인도의 명문 학교인 IIT 뭄바이 캠퍼스에도 갔는데, 이곳이 인도에서 MIT처럼 여겨지거든. 보안이 철저해서 들어가기 어려웠는데, 캠퍼스에서 우연히 만난 학생 덕분에 운 좋게 들어갈 수 있었어. 그 학생이 친구인 척해주면서 캠퍼스 투어도 하고, 학식도 먹었어.

지엽_ 진짜 다양한 경험을 했구나! 인도에 처음 적응할 때 가장 어려웠던 점은 뭐였어?

지호_ 사실 나는 인도에 오기 전까지는 자취를 해본 적이 없었거든. 기숙사 생활은 미네르바가 처음이었고. 아무래도 집을 나와서 살면 스스로 잘 챙겨야 하잖아? 빨래도 해야 하고, 혼자 밥도 챙겨야 하니까 적응하는 데 시간이 걸렸지. 알다시피 미네르바는 최소한의 치안과 거주지 같은 기본적인 것만 제공해 주고 나머지는 학생이 알아서 해야 하잖아. 그 덕분에 더 책임감을 느끼고, 성숙해지는 계기가 됐어.

지엽_ 언어 문제는 없었어? 인도에서는 영어를 많이 쓴다고 하긴 하던데.

지호_ 영어가 통하긴 하는데, 모두가 다 영어를 잘 하는 건 아니야. 특히 길거리나 일상에서는 영어가 전혀 안 통할 때도 많았어. 그래서 몸짓 발짓으로 소통할 때가 많았지. 그리고 인도에서는 우버를 탈 때 오토바이 옵션도 있는데, 처음에 오토바이 타고 이동할 때는 진짜 기사님 어디를 잡아야 할지 우물쭈물했던 기억도 나네.

지엽_ 인도에서 생활하면서 배운 점이 있다면?

지호_ '아, 다 사람 사는 곳이구나!'라는 걸 몸소 느꼈지. 만약 나중에 인도로 발령이 나거나 해도 막연히 겁먹기보다는 어떻게든 살아갈 수 있겠구나 싶어졌어. 어디든 살아보면 나름대로 재밌는 지점이 많다는 걸 알게 됐지.

지엽_ 하이데라바드에서 생활하려는 후배들에게 조언을 해준다면?

지호_ 인도라는 나라가 되게 다층적이고 입체적이거든. 그래서 가기 전에 리서치도 하고, 다큐멘터리나 아티클을 많이 보고 가면 좋아. 그러면 현지에서 보이는 것들이 더 재미있고 의미 있게 다가와. 그리고 중요한 건, 미네르바라는 학교에 너무 의지하기보다는 스스로 기회를 찾아야 한다는 거야. 내가 알아서 많은 것들을 준비해야 해. 학교는 그저 최소한의 가이드만 제공해 주거든. 그런 자세로 임하면 정말 많은 걸 얻어갈 수 있을 거야.

아르헨티나, 부에노스아이레스

미네르바 대학은 문섭의 첫 번째 대학이 아닙니다. 애칭으로 섭이라고 불리는 이 친구는 '니하오'도 모르는 상태에서 중국으로 넘어가 초·중학교 시절을 보내고 미국에서 고등학교에 다니다 영국에서 대학교를 1년간 다녔어요. 저와는 전혀 다른 삶을 살아온 사람은 미네르바를 어떤 모양으로 경험했는지, 제가 경험해 보지 못한 부에노스아이레스 학기에 관한 이야기를 여러분과 함께 나눠보려고 합니다.

섭은 교육에 누구보다도 진심인 친구입니다. 미네르바 스쿨이 처음 설립되었을 때부터 그 존재를 알고 있었을 정도로요. 재정적 문제로 인해 원래 목표로 했던 미국 대학 진학이 어려워지면서 1년의 공백기를 가지게 되었습니다. 그 기간 섭은 한국에서 '고민형 프로젝트'라는 사이드 프로젝트를 진행합니다. 프리 허그와 비슷하지만, 단순히 상대방을 안아주는 것이 아니라 마음속 깊이 있는 이야기를 들어주는 시간을 선물하는 프로젝트였죠. 이후 영국 대학에 다니며 철학과 심리학을 전공했는데 전통적인 학교 시스템에서는 기대했던 만큼의 만족감을 느끼지 못했다고 해요.

교육 체계 자체에 대한 의문을 품던 섭은 미네르바 스쿨을 다시 주목하게 되었습니다. 처음에는 혁신적인 학교가 지속 가능할지 회의적이었지만, 미네르바가 5년 동안 생존하며 단순히 유지되는 것을 넘어 성공적으로 자리 잡고 있다는 사실에 나름의 확신이 섰죠. 교육에 대한 열정이 강했던 섭에게 미네르바는 단순한 학교 이상의 의미가 있습니다. 미네르바에서의 학업 경험이 교육 혁신의 실제 사례를 가까이에서 체험할 소중한 기회가 될 것으로 생각했고, 이 대학의 독창적인 접근법이 자신이 추구하는 교육의 방향과 맞아떨어진다고 느꼈을 겁니다. 대학교에 다니는 내내, 그리고 졸업한 이후에도 저에게 든든한 친구이자 조언자, 그리고 조력자가 되어주고 있는 문섭의 이야기를 전해드립니다.

지엽_ 부에노스아이레스에서 얼마나 있었어?

섭_ 4개월 풀로 있었어. 부에노스아이레스에는 2022년 9월 2일에 도착했고, 학기가 끝나고 이동하는 날이 꽤 재밌었는데, 이때가 12월 20일이었단 말이지. 월드컵 결승전 하는 순간이었던 거야. 나는 그때 브라질로 가는 비행기 안에 있었단 말이야? 비행기에서 기장이 점수 생중계를 해줬어. 핸드폰으로 경기를 보고 있는 사람들도 꽤 있었고. 부에노스아이레스-브라질-카타르-한국 경유 편이어서 각 공항에 내릴 때마다 월드컵 분위기를 느낄 수 있었어. 브라질 공항에 마침 프렌치 카페가 하나 있었는데, 안에는 프랑스 사람이 커피를 마시면서 축구를 보고 있었고, 아르헨티나랑 브라질 사람은 카페 밖을 둘러싸고 보고 있었어.

지엽_ 아, 진짜 오랫동안 기억에 남을만한 경험이다, 그건. 그럼 부에노스아이레스에서 대만 갈 때까지 어느 정도 여유 시간이 있는 거야?

섭_ 2주 정도 되는 거지. 알다시피 미네르바 겨울 방학이 엄청 짧으니까.

지엽_ 그럼 본격적으로 부에노스아이레스 이야기를 들려줘. 첫인상은 어땠어?

섭_ 일단은 부에노스아이레스까지 가는데 40시간에서 50시간 정도 걸려. 그래서 엄청 피곤한 상태였어. 한국-LA 경유-페루 리마 갔다가 넘어가는 비행이었는데, 경유 시간까지 다 따지면 하루 반, 이틀 정도 걸리는 거란 말이지. 열 몇 시간 타고 LA 공항에 내렸는데 앞으로 똑같은 열 몇 시간짜리 비행이 하나 더 남은 상황인 거야. 엎친 데 덮친 격으로 비자랑 환전 문제까지 겹쳐서 정신이 없는 상태라 부에노스아이레스 공항에 내렸을 때의 기억은 없어.

지엽_ 그럼 공항에서 숙소로 이동하는 것부터 시작해 보자. 나는 4학년을 통째로 한국에서 보냈잖아. 부에노스아이레스 너무 좋았다고 애들 사이에서 소문이 자자하던데 어땠어? 정말 우리가 생각하는 '남미' 그 자체였어?

섭_ 네가 떠올리는 남미의 이미지는 어떤 건데?

지엽_ 글쎄. 잘은 몰라도 열정적이고 화끈한 무언가? 살사, 탱고 같은 그런 이미지 있잖아.

섭_ 그럴 것 같잖아? 일단 남미는 중국의 띠디(Didi)라고 우버 같은 회사가 택시 사업을 꽉 잡고 있거든. 그걸 불러서 공항에서 기숙사로 가는 길에 본 도시 풍경은 되게 유럽에 온 것 같았어. 미네르바에 서구 도시가 3개나 있잖아? 런던, 베를린, 샌프란시스코. 여자친구랑 같이 "어, 여기는 샌프란시스코의 어디 같나!", "서서는 베를린의 어디 같다!" 이랬거든. 유럽 같기는 하지만 콕 집어서 어떤 나라 같다고 말하기는 조금 뭐하긴 해. 워낙 유러피안들이 많이 넘어와 있는 역사 때문인지 유럽의 다양한 요소들이 뒤범벅 되어 있는 느낌이었어.

지엽_ 부에노스아이레스에서 수업 시간대는 어땠어? 시차 때문에 힘들지는 않았어?

섭_ 아니, 타임존 문제는 거의 없었어. 어차피 미국이랑 같은 시간대라서 새벽 수업 같은 건 없었지. 근데 웃긴 게, 나중에 졸업하고 코로나가 끝난 다음에는 친구들 중에 이런 생각하는 애들이 생겼어. "어? 아르헨티나에 살면서 미국 회사에서 원격 근무하면 되겠다!" 이러더라고. 아르헨티나 물가가 진짜 저렴하거든.

지엽_ 아르헨티나 경제가 안 좋다는 이야기를 들어보긴 했는데, 좀 더 자세하게 알려줄 수 있어?

섭_ 일단 환율부터 정신이 없어. 부에노스아이레스에는 공식 환율이랑 비공식 환율, 일명 '블루 레이트' 라고 해서 두 가지 환율이 있어. 공식 환율보다 블루 레이트가 훨씬 더 유리하거든. 그래서 대부분 외국인들은 달러를 들고 가서 비공식 환전소에서 돈을 바꿔. 나도 매주 100달러씩만 바꾸면서 지냈어. 이번 주와 다음 주의 화폐 가치 차이가 너무 크니까 굳이 큰돈을 한 번에 바꿀 필요가 없었던 거야.

지엽_ 매주 돈을 바꿔야 했다니…. 그것도 꽤 고생이었겠는데?

섭_ 애들이랑 매일 "오늘 환율 얼마야?" 하고 묻고, 어디가 가장 좋은 환율을 주는지도 서로 정보 공유하고 그랬어. 주식 거래하는 것처럼. 그래서 처음엔 게임을 하는 것처럼 재밌었는데, 나중엔 매번 어디서 돈 바꿀지 고민하는 게 피곤하기도 했어.

지엽_ 그럼 현지 사람들은 어땠어? 물가 때문에 힘들었을 것 같은데.

섭_ 맞아, 현지 사람들한테는 전혀 다른 이야기야. 아무리 일을 열심히 해도 돈의 가치가 계속 떨어지니까, 번 돈으로 생활하기가 어려운 거지. 내가 만난 사람 중에 꽤 번듯한 직장을 가지고 있음에도 불구하고 한 달에 하루 이틀 정도는 굶을 날을 정해야 할 정도인 친구도 있었어. 외국계 기업이어도 현지 기준에 맞춰서 현지 통화로 주니까, 좋은 직장을 다녀도 굶을 수밖에 없는 거야. 주급이나 월급을 받아도 매주 환율이 바뀌는 것을 생각하면 상황이 좀 어렵지.

지엽_ 근데 경제가 그렇게 안 좋은데 부에노스아이레스에서 생활하는 건 어땠어?

섭_ 외국인으로서 살기는 오히려 편했어. 물가가 엄청 저렴했거든. 예를 들어, 한국에서라면 비싼 레스토랑에서 먹는 식사가 부에노스아이레스에선 그냥 동네 식당에서 먹는 정도로 느껴질 만큼 돈이 많이 들지 않았어. 그래서 외국인들한테는 생활비 부담이 적지. 그 덕에 넉넉하게 살 수 있었고, 심지어 한국 마트에서 배달도 시켜 먹었어. 그렇게 살아도 한 달 생활비가 몇십만 원밖에 안 들 정도였어.

지엽_ 생각보다 인프라는 잘 되어있는 것 같은데?

섭_ 어쨌든 부정부패 때문에 경제적인 이슈가 생긴 거니까. 잘 사는 사람은 엄청나게 잘 살아. 그래서 이런 사람들을 위한 인프라가 꽤 잘 갖춰져 있어. 경제가 망했다고 해서 반드시 인프라가 안 좋은 건 아니야.

지엽_ 그러면 이제 수업 이야기를 좀 나눠보자. 부에노스아이레스에서 들었던 수업 중에 기억에 남는 게 있어? 계속 비즈니스 수업 들었어?

섭_ 4학년 1학기니까 수업을 거의 안 들었지. 캡스톤 듣고, 튜토리얼 2개 들었어.

지엽_ 나는 미네르바를 다니면서 튜토리얼을 한 번도 안 들었거든. 비즈니스 전공은 튜토리얼이 없고, 사회과학은 부전공했다 보니 튜토리얼이 필수가 아니었단 말이지. 나도 그래서 튜토리얼이 실제로 어떻게 이뤄지는지 궁금해. 자세하게 좀 알려줘.

섭_ 그러네. 너같이 튜토리얼을 안 듣는 특이 케이스도 있겠다. 튜토리얼은 일단 일반적인 정규 수업이랑은 조금 달라. 교수님이 만들어서 진행하기도 하고, 학생들이 직접 커리큘럼을 짜서 운영하기도 하거든. 내가 들었던 건 둘 다 학생들이 만든 수업이었어. 사실 이게 그냥 만들어지진 않아. 학생들이 모여서 학교 측에 수업 제안을 해야 해. 교수님도 동의해야 하고. 그래서 애들이 교수님들한테 막 "이거 꼭 같이 해주세요!" 하고 설득하느라 바빠. 줌 콜까지 걸어서 어필하고, 거의 동아리 회원 모집하는 것처럼 말이야.

지엽_ 오, 진짜 네가 수업 하나를 직접 만드는 느낌이겠다?

섭_ 맞아. 내가 들었던 튜토리얼 중 하나가 '스타트업 튜토리얼'이었는데, 미네르바 역사상 가장 많은 학생들이 참여한 수업이었어. 총 24명이었거든. 원래 인원이 많아서 승인 안 될 뻔했는데, 크레티엥(Chretien)이라는 친구가 학교 측이랑 줌 콜을 수십 번 하면서 결국 성사된 수업이야. 그리고 또 하나는 '배움의 과학(Science of Learning)'이라는 수업이었는데, 이건 교수님을 삼고초려 해서 꼬신 다음에야 겨우 성사됐어. 애들이 커리큘럼 다 짜서 "이렇게 해도 안 할 거야?" 하면서 교수님께 프레젠테이션도 하고…. 그렇게 만들어진 수업들이야.

지엽_ 와, 수업 승인받는 과정이 진짜 치열하네! 그럼, 수업은 어떻게 진행됐어?

섭_ 보통 14~15주 동안 진행되고, 정규 수업은 일주일에 한 번만 해. 나머지 시간은 학생들이 자율적으로 무언가를 할 수 있도록 구성돼. 예를 들어, 스타트업 튜토리얼은 학생들이 돌아가면서 1시간씩 강의를 하고, 30분은 팀 미팅을 했어. 교수님은 그냥 참관하시면서 투자자처럼 피드백을 주시고. 1시간 반은 학생들끼리 협업하면서 각자 프로젝트를 진행했지. 수업이 아니라 진짜 스타트업을 하는 느낌이었어.

지엽_ 수업이라기보다는 진짜 스타트업 경험을 하는 거네?

섭_ 그렇지. 학점을 위해 앉아서 강의만 듣는 게 아니라, 진짜 무언가를 만들어 보고, 교수님은 피드백을 주는 정도? 마치 실전 같은 수업이지. 그래서 1시간은 학생들이 번갈아 가며 강의하고, 팀별로 자기 프로젝트를 진행하는 식이었어. 그리고 중요한 건 성적도 우리가 거의 다 결정했어. 물론, 교수님이 최종적으로 점수를 매기지만, 우리가 만든 기준에 따라 성적을 책정했거든.

지엽_ 그러면 너한테 튜토리얼 수업이 의미가 컸겠네?

섭_ 엄청나게 컸지! 이걸 해본 경험이 나중에 졸업할 때도 도움이 됐어. 나중에 캡스톤 프로젝트를 구성할 때도, 미네르바 스타일로 어떻게 수업을 만들어 가는지 경험이 있으니까 쉽게 할 수 있었거든. 게다가 애들이랑 진짜 아주 친해졌어. 수업의 처음부터 끝까지 우리가 다 계획하고 실행해야 하니까 서로 의지할 수밖에 없더라고. 팀별로 실제 제품을 만들고, 서비스나 프로그램까지 기획했거든. 그러다 보니까 친구들이랑 붙어있는 시간이 엄청 많아졌어.

지엽_ 그러면 진짜 '학교에 다닌다'라는 느낌보다는 그냥 같이 프로젝트 하는 기분이었겠다?

섭_ 응, 학교 다니는 느낌보다는 그냥 실험해 보고, 재밌게 놀다 온 학기였어. 사실 그 학기는 나한테 치열하게 살아야겠다는 동기가 별로 없었거든. 수업 2개만 들었고, 나머지 시간엔 애들 밥이나 해주고, 스타트업 미팅이나 나가고, 그러면서 진짜 재미있게 지냈어. 그러다 보니까 학기 끝나고도 기억에 남는 게 많아.

지엽_ 그래도 그렇게 자율적인 분위기에서 뭔가 해냈다는 게 진짜 멋지다! 수업 들으면서 너도 프로젝트 매니저(PM) 역할도 해보고, 프로그래밍 쪽도 배우고, 완전 종합적인 경험이었겠네?

섭_ 맞아! 내가 맡았던 수업이 컴공 수업이었는데, 절반은 비즈니스 관련 수업이고, 절반은 진짜 컴퓨터 사이언스였어. 그래서 어떤 애들은 기술적인 부분을 가르치고, 다른 애들은 비즈니스 쪽에서 배운 걸 서로 가르쳐주는 거야. 이게 팀워크도 키워주고, 서로 다른 전공 배경을 가진 친구들끼리 시너지가 생기더라고.

지엽_ 이야, 진짜 학교 수업이라고 하기엔 너무 다채롭다. 수업 하나가 인생에 큰 경험이 됐겠네.

섭_ 그렇지. 튜토리얼 수업은 내가 가장 많이 배우고, 또 가장 많이 성장한 경험이었어. 솔직히 그런 경험을 할 수 있었던 게 미네르바 수업의 진짜 매력이지.

지엽_ 내가 경험해 보지 못한 미네르바에 대해 들으니까 되게 재밌다. 캡스톤 이야기를 좀 해보고 싶은데, 애들 사이에서 파가 두 개로 나뉘잖아. '캡스톤으로 내 인생을 바꿔보겠다 vs. 그냥 졸업할 정도로만 하겠다' 너는 어떻게 생각해?

섭_ 시작은 거창했지만, 끝은 미약한 경우였어, 난. 그래서 후배들에게는 평상시에 재밌게 하던 것들 중에서 하나를 골라서 그걸 캡스톤으로 이어가 보라고 추천하고 싶어. '언제 또 한 번 2년의 세월을 들여서 뭔가를 만들어 보겠어? 두 번 다시 없을 기회다! 걸작을 만들어 보겠다.'는 생각이 당연히 들겠지만 이건 엄청난 악마의 속삭임이야. 이미 하던 걸 캡스톤으로 확장해 보는 것이 제일 좋고, 0에서 1을 만들겠다고 생각하면 정말 힘들어.

지엽_ 부에노스아이레스에서 학기를 보내면서 조금 더 나은 사람이 되었다면, 어떤 경험 때문이라고 생각해?

섭_ 현지 친구한테 "미안한 말이지만 돈을 많이 못 벌면 불행할 것 같다."라고 말했을 때 "더 열심히 일한다고 자기 삶이 나아지지 않고, 그게 내 잘못은 아니니까."라며 연연하지 않는 태도가 되게 신기했어. 내 노력의 유무와 관계없이 거시적인 일이니까. 돈을 더 벌려고 아등바등하는 것보다 오히려 일상에서 재미를 찾더라고. 그렇게 스트레스 없는 삶을 위해서, 차라리 축구를 하고, 살사를 추고, 사람들이랑 술 마시고, 책을 읽고 이런 데 시간을 더 쓴대.

지엽_ 신기하다. 내가 생각한 돈을 대하는 태도랑 너무 다르다.

섭_ 이들은 쩔쩔매면서 불행하게 살지 않아. 너무 잘 살아서 호화롭게 즐길 수도 있지만, 역으로 '잘 살 수 없으면 우리끼리라도 행복하게 살자!'라는 생각도 좋은 것 같아. 그렇다고 막 게으르게 사는 건 아니고, 적당히, 그렇게 벌어 먹고살겠다는 태도. 뭐랄까 욕심을 내려놓음으로써 생기는 여유를 배우게 됐던 것 같아.

지엽_ 부에노스아이레스에서만이 아니라, 전체적으로 미네르바에서의 글로벌 경험을 최대한 활용하려면 어떻게 해야 할까? 미네르바에서의 시간을 가장 잘 활용하는 방법이 뭐라고 생각해?

섭_ 음, 일단 글로벌 경험을 제대로 알릴 수 있는 채널이 있어야 해. 미네르바를 졸업하고 나면 다들 취직이나 대학원 진학을 생각하잖아? 그럴 때 중요한 게 퍼스널 브랜딩이야. 경험만으로는 어필하기 어려운 부분이 있거든. 대학원 쪽은 미네르바가 꽤 인정받아서 괜찮은데, 취직은 아직 애매한 부분이 있어. 서류를 제출할 때 미네르바 대학교를 쓰면 오히려 필터링에서 걸러버리는 경우도 있거든. 큰 회사들이 이름을 잘 몰라서 그냥 지나치는 경우도 있어.

지엽_ 그럼, 미네르바가 좀 불리할 수도 있겠네?

섭_ 맞아. 그래서 내가 추천하고 싶은 건, 미네르바에서 사회적 자본(Social asset)을 많이 쌓는 거야. 쉽게 말하면, 사람들과의 네트워크를 최대한 활용하는 거지. 본인이 인플루언서거나, 네트워킹을 정말 잘하거나, 아니면 유명한 회사에서 인턴을 하거나 해서 이름값을 쌓는 거야. 그렇지 않으면 미네르바 졸업하고 나와서 어려움을 겪을 수 있어. 사회적 자본을 바탕으로 내가 미네르바에서 글로벌 경험을 얼마나 잘 활용했는지를 보여줄 수 있어야 의미가 생기는 거지. 지금 미네르바 자체가 가지고 있는 기반이 아직 충분하지 않아서, 네트워킹이 더 중요해.

지엽_ 그러면 그냥 수업만 열심히 들어서는 안 되는 거네?

섭_ 수업만 열심히 들어선 절대 안 돼. 미네르바는 아직 서울대나 하버드 대학처럼 브랜딩이 확실하지 않아서, "나 미네르바 나왔어!"라고 해도 그게 자동으로 보증이 되진 않아. 그래서 미네르바라는 이름 없이도 스스로 빛날 수 있는 사람이 되어야 해. 유명한 기업에서 인턴을 한다든지, 미네르바와 협력한 교육기관에서 경력을 쌓는다든지, 그런 걸 통해서 미네르바의 이름을 알리면서도 자신을 증명할 수 있어야 해.

지엽_ 그러면 결국, 미네르바라는 이름만 믿고 있으면 안 되겠네?

섭_ 맞아, 그게 포인트야. 미네르바라는 학교를 활용하려면 오히려 그 이름을 떼고도 내가 스스로 인정받을 수 있는 사람이 되어야 해. 그래야 미네르바에서 얻은 경험들이 빛을 발하는 거지. 지금 미네르바는 막 졸업생들이 나오기 시작하면서 '우린 잘해요!'를 하나하나 증명해 가는 단계거든. 그래서 미네르바라는 타이틀이 없어도 내가 잘할 수 있는 사람이라는 걸 먼저 보여주는 게 중요해.

지엽_ 그러니까, 미네르바로부터 득을 보고 싶으면, 역설적으로 미네르바 없이도 내가 빛나야 한다는 거지?

섭_ 딱 그거야! 미네르바의 강점을 잘 활용하려면, 결국 내가 미네르바에 기대지 않아도 괜찮은 사람이 되어야 하는 거지. 그래야 미네르바도 함께 인정받게 되고, 나도 더 크게 성장할 수 있어.

대만, 타이베이

프란체스카, 친구들끼리는 애칭으로 프랭키라고 부르는데요. 프랭키는 얼마 전 문섭과 결혼식을 마친 새신부입니다. 학교에 다닐 때부터 귀여운 CC로 친구들 사이에서 인기가 많았는데요. 이제 아기 엄마가 되었답니다.

프랭키가 미네르바를 선택했을 때는 재정적인 이유가 중요한 결정 요인이었대요. 다른 미국 대학들에 지원했지만, 미네르바는 상대적으로 학비가 훨씬 저렴했기 때문입니다. 하지만 프랭키의 선택은 단순히 경제적인 이유에 그치지는 않았는데, 미네르바를 선택하지 않으면 후회할 것 같다는 강한 확신을 느꼈다고 해요.

첫 학년을 다니면서 미네르바가 자신의 기대에 미치지 못하거나 싫어진다면, 그때 전통적인 미국 대학으로 돌아가도 늦지 않다고 생각했습니다. 미네르바는 당시 졸업생도 없었고, 아직 완전히 안정적이지 않은 상태였거든요. 미국 대학으로 돌아간다고 해도 미네르바에서 보낸 시간을 일종의 갭이어 Gap year 로 간주할 수 있으니 그다지 나쁜 선택은 아닐 거로 생각했습니다.

프랭키는 "미네르바는 나를 세계적인 여정 World journey 으로 이끌어 줄 특별한 시작점이라고 느꼈다."라며, 18살이라는 나이와 그

시점에서만 가능한 독특한 경험을 미네르바에서 누리고 싶었다고 말했어요. 전통적인 미국 대학의 경험은 언제든 시도할 수 있었지만, 미네르바의 독창적이고 혁신적인 기회는 그렇지 않을 것 같았다는 것이 선택에 큰 영향을 미쳤던 것이죠.

한국인이 아닌 학생의 관점에서 미네르바는 어떻게 느껴졌을까요? 또 서양인으로서 동양 도시에 살면서 어떤 것들을 느꼈을까요? 저, 지호, 문섭과는 또 다른 이야기를 풀어나갈 프랭키와의 인터뷰, 시작합니다!

지엽_ 프랭키, 타이베이에서는 얼마나 있었어?

프랭키_ 1월 1일이나 2일쯤에 도착했으니까, 학기를 시작할 수 있는 가장 이른 시기에 갔지. 타이베이에 있던 다른 기수 친구들도 몇 명 만날 수 있었어.[2] 그리고 학기 끝날 때까지, 마지막 날까지 쭉 있었어.

지엽_ 내가 생각하는 타이베이랑 네가 느끼는 타이베이랑 되게 다를 것 같은데, 어땠어?

프랭키_ 아무래도 섭이랑 함께 지내다 보니 방학 때마다 한국에서 시간을 많이 보냈거든. 그러다 보니 타이베이도 어느 정도 친숙함이 있었어. 아시아라서 그런지 한국과 닮은 느낌도 있는데, 한국보다는 뭐랄까 좀 더 따뜻하고 여유로운 분위기였어. 일단 부에노스아이레스에 있을 때는 계절이 정반대니까 꽤 추웠거든. 심리적으로도 타이베이는 한국보다 외국인에게 훨씬 친절한 느낌이라 더 따뜻하게 느껴졌나 봐.

---

[2] 미네르바는 기수 단위로 각 도시를 돌아다니기 때문에 다른 기수의 선후배를 만나는 것이 흔한 경험이 아닙니다.

지엽_ 엇, 한국보다 외국인에게 더 친절하다고 느낀 이유는 뭐였어?

프랭키_ 타이베이에서는 심지어 연세가 있는 분들도 영어를 하려고 하시더라고. 물론 영어가 완벽한 건 아니지만, 그래도 한국에서는 영어를 잘 알아도 굳이 말하려 하지 않는 경향이 있는 것 같거든. 또 미네르바 친구들하고 다닐 때 타이베이에 있는 다른 외국인들이 먼저 다가와서 "어디서 왔냐?"라고 물어보고 자기들 이야기도 들려줬어. 그런 사람들은 보통 몇 년씩 타이베이에서 살아온 사람들이더라고. 한국에서는 이런 일이 거의 없었는데, 타이완에는 타이베이를 오랫동안 사랑하고 있는 외국인들이 많았어.

지엽_ 한 도시에 오래 머무른다는 건 정말 마음에 들었다는 건데. 놓친 게 아쉽다. 학교 수업은 어떻게 구성했어?

프랭키_ 마지막 학기다 보니까 캡스톤을 마무리하는 게 주목적이었어. AH113이라는 코스를 듣긴 했는데, 솔직히 좀 쉬운 수업이라 막 학기에 듣기엔 딱 맞았지. 또 국제 관계(International relations) 전공인 친구들이랑 같이 '국제관계 이론과 실천(Theory and Practice of International Relations)'이라는 튜토리얼 수업도 만들어서 들었어. 섭이 했던 튜토리얼이랑은 또 다르게 6~7명의 학생이 각자 2~3회씩 수업을 준비해서 우리가 졸업 전에 전공생이라면 꼭 알아야 할 것들을 보충하려고 노력했던 수업이었어. 사실 전통적인 커리큘럼이 아니다 보니, 다른 대학들은 가르치고 우리는 배우지 않는 여러 필수 개념 같은 것들은 우리가 스스로 채워야 했거든.

지엽_ 튜토리얼이라고 다 같은 게 아니구나. 현지 생활은 어떻게, 잘 즐겼어?

프랭키_ 이번 학기는 다행히 이전 학기들보다 수업 부담이 적었어. 또 이제 거의 미네르바의 마지막 학기였으니까, 시간을 어떻게 분배해야 할지 노하우가 생겨서 감이 딱 오더라고. 타이베이는 미네르바 대학과 협약을 맺은 NTU(National Taiwan University) 그래서 NTU 학생 비자로 들어갔거든. 그래서 NTU 캠퍼스에 있는 도서관, 체육관, 동아리 같은 재학생 혜택들을 다 쓸 수 있었어. 토요일 오후에는 NTU 학생들이랑 미네르바 학생들이 함께 어울리는 기회도 있었고, 덕분에 타이완 로컬 친구들을 쉽게 만날 수 있었어.

지엽_ NTU에서 타이완 학생들이랑 교류할 기회가 있었구나?

프랭키_ 맞아! NTU 학생들과 같이 요리하는 수업도 들었어. NTU가 외국 학생과의 교류 시간을 늘리려고 미네르바와 함께하는 다양한 프로그램을 만들어 줬거든. 덕분에 타이완 학생들과 영어로 소통할 기회도 많았고, 찻잎 수확이나 명상 수업 같은 현지 체험도 할 수 있었어. 또 학교에서 홈 밀(Home meal) 프로그램을 마련해줘서, 대만의 은퇴한 사업가랑 식사하면서 이야기 나눌 기회도 있었어. 은퇴하시고 쉬셔도 되는데도 뒤늦게 NTU에 입학해서 당시 재학생이기도 했는데, 우리와 함께하면서 인생 이야기를 많이 들려주셨지.

지엽_ 정말 특별한 경험이었겠다! 그러면 타이베이에서 일상 루틴은 어땠어?

프랭키_ 기숙사 생활은 베를린에 비해 훨씬 넓은 공용 공간이 있어서 좋았어. 다만 주방이 작아서 90%는 외식으로 해결했지. 타이베이에서는 식비가 정말 저렴하거든. NTU의 카페테리아에서 1~2달러만 내면 맛있는 밥을 먹을 수 있었어. 아, 근처에 편의점도 새로 생겨서 거기서 간편하게 해결하기도 했어.

지엽_ 그럼 타이베이에서 기억에 남는 장소나 경험이 또 있어?

프랭키_ 신린 야시장이 기숙사에서 멀긴 한데, 거기까지 갈 만한 가치가 있었어. 이름이 정확히 기억이 안 나긴 하는데 밑에 바삭한 뭔가를 깐 육즙 가득한 만두와 대만식 파전 같은 음식들이 정말 맛있었거든. 또 세븐일레븐에서 파는 즉석식품도 정말 저렴하고 다양해서 자주 먹었지.

지엽_ 편의점이 있으면 확실히 편하긴 했겠다. 언어나 문화적인 장벽은 없었어?

프랭키_ 음, 사실 섭과 룸메이트가 중국어를 할 줄 알아서 큰 문제는 없었어. 미네르바에서 나랑 비슷하게 중국어를 전혀 모르는 친구들이 많아서, 다 같이 현지 문화에 적응해 나가는 과정 자체도 좋았어. 한국과 대만이 비슷한 역사적인 배경도 있어서 한국이 엄청 익숙해진 나랑 타이완 사람들이 잘 통하는 부분도 있었고.

지엽_ 그럼 타이베이에서 배운 가장 중요한 교훈은 뭐였어?

프랭키_ 내가 느낀 가장 중요한 점은, '어디서든 사람 사는 게 크게 다르지 않구나!'라는 깨달음이었어. 타이베이에서의 경험 덕분에 나중에 대만으로 가거나 비슷한 상황이 생겨도 자신 있게 적응할 수 있을 것 같아.

지엽_ 다시 타이베이로 돌아가라고 한다면, 갈 의향이 있어?

프랭키_ 물론이지! 타이베이는 미네르바 학기 중에서도 가장 즐거운 시간 중 하나였어. 후배들한테도 타이베이는 절대 놓치지 말라고 말해주고 싶어. 특히 NTU의 혜택들을 누리면서 전통적인 캠퍼스 라이프를 경험할 수 있는 건 미네르바에서 되게 드문 기회니까 꼭 경험해 보라고 말해주고 싶어.

지엽_ 마지막으로, 미네르바를 꿈꾸는 학생들에게 어떤 마음가짐이 필요할까?

프랭키_ 처음부터 기대치를 너무 높게 잡지 않는 게 좋아. 미네르바는 전통 대학과는 다른 경험을 제공하니까, 그걸 받아들이고 즐길 수 있는 열린 마음이 필요해. 특히 타이베이에서 내가 만난 다양한 사람들, 로컬 문화, 그리고 미네르바 친구들과의 추억은 정말 소중했거든. 여유를 가지고 열린 마음으로 사람들을 만나지 않았다면 이런 경험을 하지 못했을 거야. 더군다나 이 학기가 미네르바에서 마지막이었기에 특별히 소중한 경험이었어.

4인 4색의 미네르바 경험, 어떻게 보셨나요? 같은 학교에 다녀도 무엇을 중요하게 여기는지, 어떤 것에 관심을 가지는지에 따라 서로 다른 경험을 하게 됩니다. 개인적으로는 저희 4명 모두 '사람 사는 게 어느 나라나 다 비슷하구나. 기회만 된다면 어느 나라에 가서도 재밌게 살 수 있겠다.'라는 생각을 가지게 된 것이 아주 인상적이었어요. 수학 공식을 처음 볼 때는 덜컥 겁이 나지만 용어가 익숙해지면 처음만큼 두렵지 않은 것처럼 4개월의 도시 경험이 짧다면 짧지만, 앞으로 70~80년을 더 살아갈 청년으로서는 언제든 새로운 시도를 할 수 있게 용기를 주는 든든한 첫걸음이 될 겁니다.

학문적, 개인적 성장 이야기

미네르바에서의 마지막 학기는 메니페스트 Manifest 라고 부릅니다. 메니페스트의 뜻은 '나타나다', '분명해지다'라는 뜻이 있어요. 맥락을 고려한 정확한 의미는 '애매하거나 심오한 무엇인가를 명확하게 표현하고, 드러내는 것'입니다. 메니페스트는 4주 정도의 정말 짧은 학기입니다. 한 달이라는 시간 동안 압축적으로 4학년 2학기에 제출한 졸업 논문(캡스톤, 잠시 후에 이어서 설명하겠습니다.)을 바탕으로 1시간짜리 수업을 스스로 기획해서 친구들에게 발표하고, 다른 친구들의 수업에 들어가 완전히 다른 전공과 관심 분야의 연구를 배우는 시간이죠. 또, 서로의 작업을 통해 새로운 시각을 얻기도 합니다.

더 나아가 메니페스트는 학생들이 그동안 쌓아온 지식과 경험을 기반으로 '내가 세상에 어떻게 이바지할 수 있을까?'라는 질문에 답을 찾아가는 시간이기도 합니다. 미네르바에서 배운 학문적 지식과 실용적인 스킬을 결합해, 자신만의 독창적인 방식으로 주제를 풀어내는 것이죠.

미네르바 학생들은 3~4학년에 걸친 캡스톤 Capstone 프로젝트를 통해 각자의 전공과 관심사에 맞는 연구를 진행하는데요. 바로 이 프로젝트의 결과물을 메니페스트 동안 친구들과 공유하게 되는 겁니다. 캡스톤 프로젝트는 미네르바 학업의 정점을 이루는 프로젝트로, 빠르면 3학년부터, 늦어도 4학년 내내 집중하는 중요한 졸업 과제입니다. 학생들이 자신의 연구와 관심사를 바탕으로 결과물을 만들어 내는 이 프로젝트는 주제 선정부터 연구, 실험, 발표까지 모든 과정을 학생이 주도합니다. 학생 각자가 세상을 바라보는 관점과 문제 해결 방식을 명확히 드러내기에 그야말로 미네르바의 '꽃'이라고 불리죠. 이 과정을 통해 학생들은 실질적 문제를 해결하고, 자신만의 생각을 구체화하는 방법을 익히며 성장해 갑니다. 석사 과정을 아주 짧게 체험해 본다고 생각하시면 이해가 쉬울 것 같습니다.

이렇듯 메니페스트는 미네르바의 마지막을 장식하는 특별한 여정이자 그동안의 배움을 한데 모아 하나의 작품으로 만들어 내는 경험입니다. 마치 흙 속에 뿌려진 씨앗이 오랜 시간 자라 마침내 꽃을 피우듯이, 4년간의 학습과 성찰을 종합하여 내면의 변화를 외적으로 드러내는 시간인 거죠. 마지막 학기, 샌프란시스코에 다시 모인 미네르반들은 스스로 던진 질문들에 대한 답을 하나씩 정리하며 자신만의 이야기를 완성해 갑니다. 샌프란시스코에서의 메니페스트는 미네르바의 여정을 마무리하는 동시에, 앞으로의 삶을 향한 새로운 도약을 준비하는 시간으로, 깊은 의미가 있는 전통입니다.

졸업 학기는 미네르바의 시작이었던 샌프란시스코에 돌아가서 마무리합니다. 짧은 시간이지만, 지난 4년간의 여정을 돌아보며 '나는 어떤 사람으로 성장했나?', '앞으로 어떤 사람으로 이 삶을 살아가고 싶은가?'를 온전하게 고민하게 됩니다. 미네르바에서의 4년이 수업과 과제를 따라가며 끊임없이 세상을 향해 질문을 하는 시간이었다면, 메니페스트가 있는 한 달 동안은 온전히 스스로에게 집중하며 답을 정리할 수 있었던 것 같아요. 졸업을 축하하기 위해 졸업식 며칠 전에 샌프란시스코에 미네르바 한국 담당자였던 애나Anna와 느지막한 오후 햇빛을 즐기며 대화를 나누었어요. 이때, 애나는 "지엽, 정말 메니페스트 했구나!"라고 말하더라고요. 제가 느끼기에도 지난 4년 동안 저는 퍽 많이 변화해 있었습니다.

우선 도전을 받아들이는 사람에서 도전을 만드는 사람으로 한 걸음 성장했습니다. 필연적으로 주어지는 도전 과제들, 예를 들면 수능이나 같은 반 친구들과 친해지기 같은 것들을 받아들이고 최선을 다하는 사람이었다면요. 미네르바라는 인생의 한 장을 마무리하면서는 새로운 도전 과제를 스스로 만들어 나가고 있었습니다. 비단 학업이나 커리어뿐만 아니라 한 명의 인간으로서, 하나의 사회 구성원으로서 제 몫을 근사하게 해내기 위해 어떻게 하면 조금 더 나은 사람이 될 수 있을지를 고민하고 있었습니다. '돈을 많이 벌어야지.'만 있었다면 '돈도 많이 벌면서, 사회적으로 의미 있는 일을 할 방법이 있을까?'를 찾고 있었고, 그런 방법에 다가서기 위해 아무도 시키지 않은 공부를 찾아서 하고 있었습니다. 학교에서 자연스럽게 만들어진 친구와 네트워크에만 최선을 다했다면, 적극적으로 '저 이 부분에 관심이 있는데, 혹시 A를 소개해 줄 수 있을까요?'라며 먼저 주위 사람들에게 손을 내밀기 시작했습니다. 요즘 들어서는 '내가 잘하는 직업이 뭘까?'를 위주로 고민했던 과거와 달리 '낯설고 처음 경험하는 산업에서도 내가 빛날 방법은 뭘까?'라며 조금 더 굵직하고 도전적인 질문들을 던지기 시작하고 있습니다.

제가 샌프란시스코에서 메니페스트를 하면서 느낀 점은, 4년간의 여정이 단순히 지식을 쌓는 시간이 아니었다는 것입니다. 내가 누구인지, 어떤 목표를 가졌는지, 앞으로 어떻게 세상에 기여할 것인지를 명확히 할 수 있었고, 이를 통해 자신을 더욱 명확히 정의하는 기회를 가질 수 있었죠. 메니페스트는 말 그대로 '나타나는 것'을 의미합니다. 추상적이었던 생각이 구체적인 실천으로 옮겨지는 시간이기도 하고, 미네르바에서 쌓은 배움이 학문적 성취를 넘어 내 삶의 방향을 더욱 선명하게 해주는 시간이기도 했습니다.

인턴십과 실무 경험

　무한 경쟁을 비롯하여 기존 교육의 문제점들이 많이 지적되고 있는 요즘입니다. 점차 많은 사람들이 새로운 교육과 배움에 갈증을 느끼기 시작하고 있죠. 미네르바 대학은 그런 시대의 요구에 응답한 학교 중 하나입니다. 미네르바의 1학년 수업은 학생에게 선택권을 쥐여주지 않아요. 사실 1년 내내 배우는 건 HC라는 것을 온전하게 이해하고, 적용할 수 있는 능력을 키우는 것이 전부라고 봐도 무방합니다.

　미네르바 수업을 처음 들었을 때는 '이렇게 해서 어느 세월에 어떻게 지식을 쌓지?', '도대체 뭘 배운다는 거지?'라고 생각했어요. '어떻게 전 세계를 부양할 것인가?(How to feed the world?)'라는 주제였는데, 너무 큰 주제에 대해 막연하고 현실성 없는 대화만 하고 있다고 생각했거든요. 하지만, 이러한 주제들을 여러 수업에 걸쳐 다루면서 거대한 질문 Big question 에 어떻게 접근해야 하는지를 학습하게 됩니다. 무엇이 '진짜' 문제인지, 그 문제의 기저에 있는 다른 문제들은 무엇인지, 존재하는 방법들은 무엇이고 어떤 수정이 필요한지와 같이 추상적인 질문에 대해 현실적인 답변을 내놓을 수 있도록 뇌의 구조 자체를 바꿔 가는 수업이죠. 교수님은 수업 시간 내내 별말씀하시지 않고, 내용도 굳이 전달하려고 애쓰지 않으시는 것 같은데 수업이 끝나고 나면 무엇인가가 많이 쌓여있는 느낌을 받고는 했습니다. 수업 전 읽어야 하는 자료의 양이 워낙 많고 내용이 어려울 때도 많은데 수업만 듣고 나오면 뿌옇게 흐렸던 시야가 맑아지는 기분이었죠.

더 잘 생각하는 사람이 되기는 했지만, 그것이 곧바로 더 잘 해결하는 사람으로 성장으로는 이어지지 않았습니다. 미네르바 1학년의 진정한 가치는 인턴 생활을 하면서 깨닫게 되었어요. 사실 미네르바의 몇몇 친구들은 "이런 걸 배우는 게 도대체 무슨 도움이 되는지 모르겠다."라며 불평합니다. 2학년, 3학년이 되어도 그 답을 찾지 못하는 친구들도 종종 있고요. 그런 점에서 1학년이 끝나자마자 미네르바에서 배운 사고방식을 바로 실무에 적용해 보았던 것은 저에게 정말 큰 행운이었던 것이죠.

저는 실무 경험에 대한 욕심이 정말 컸어요. 좋은 곳에 취직하기 위해서는 4학년 때 멋진 인턴십을 해야 하고, 그러기 위해서는 3학년 인턴십이 그럴싸해야 했죠. 하지만 3학년 때 좋은 기회가 하늘에서 뚝 떨어지는 것은 아닐 테니 2학년, 더 앞서나가려면 1학년 때부터 인턴을 하면서 실무 경험을 쌓아야겠다고 생각하고 있었습니다.

1학년 때 제가 썼던 인턴 지원서는 총 150여 개입니다. 그중에서 단 2곳에 합격했어요. 자칫 미네르바에 가면 취업이 보장된다, 학교가 모든 것을 알아서 해준다고 생각할 수 있는데요. 학교 차원에서 취업을 알선해 주지는 않습니다. 다만 취업에 대해 조금 더 일찍 생각하고 실질적으로 준비할 방법을 알려줍니다. 고기를 잡아주지는 못하지만 고기를 잘 잡는 법은 알려줄 수 있는 것처럼요.

 미네르바에서 가장 먼저 배운 것은 '나의 가치 찾기'입니다. 조별로 모여서 어떤 가치가 중요한지 공유하고 그중에서 몇 개만 추리도록 해요. 진로를 결정하면서 돈이 중요한지, 영향력이 중요한지, 배움이 중요한지 등등 다른 친구들의 이야기를 들으면서 사람마다 다른 가치관을 따르고 있다는 것을 깨닫게 됨과 동시에 나에게 정말로 중요한 것이 무엇인지 찾게 됩니다. 내가 직업을 선택하면서 무엇을 우선순위에 두고 싶은지를 알게 되는 것은 진로를 결정하면서 필수적인 첫걸음이라고 생각합니다.

 그다음으로 배운 것은 이력서를 쓰는 방법이었습니다. 아주 기초적인 좋은 이력서의 양식부터 시작해서 내용물을 어떻게 채울지를 가르칩니다. 대학교 1학년이다 보니 특별히 진행한 활동이 없기는 했지만, 고등학교 때 해왔던 프로젝트 혹은 미네르바에서 수업 시간에 제출한 과제 등을 어떻게 이력서로 연결할 수 있을지를 배우게 됩니다. 이런 수업이 따로 있는 것은 아니고요. 앞서 이야기한 CTD 팀에서 1학년 내내 여러 세션을 열어서 필요에 맞게 특강을 들을 수 있는 구조입니다. 서류 전형에 합격하고 폰스크리닝 Phone screening[3]을 처음 진행할 때, 저는 곧바로 CTD 팀을 찾아가 모의 면접을 도와달라고 했죠. 심지어는 샌프란시스코에 머무르고 있는 선배와도 연결해 줘서 다양한 면접 실전 팁도 배울 수 있었답니다.

 미국은 레주메 Resume 라고 부르는 이력서 외에도 한국의 자기소개서와 비슷한 1페이지 정도의 커버레터 Cover letter 도 중요하게 보는 만

---

[3] 30분 정도 전화 통화를 하며 기본적으로 지원자와 회사의 합이 맞는지를 알아보는 전형

큼 이 서식도 처음에는 학교에서 도움을 받았고, 제가 작성한 커버레터에 대한 피드백도 여러 차례 받아 가면서 '구직의 언어'를 배우게 되었습니다. 이런 내용을 대학교 1학년부터 배우다 보니 2학년, 3학년이 지나고 정말 취업의 전선에 뛰어들게 되는 4학년에는 이력서와 자기소개서 작성이 어려운 일은 아니었습니다.

형식에 대한 코칭 외에도 미네르바에서 배운 중요한 덕목 중 하나는 네트워킹을 두려워하지 않는 것입니다. 한국 회사에 있으면서 정말 많이 느끼는 부분은 아직 우리나라에 네트워킹이라는 개념이 익숙하지 않다는 것입니다. 말 그대로 네트워크, 즉 인맥을 만든다는 의미인데요. 보통은 행사 전후에 간단한 다과를 먹으면서 이리저리 자리를 옮겨 다니며 다른 참석자들과 대화를 나누며 친목을 도모하는 것입니다. 저도 처음에는 어떤 주제로 말을 걸어야 할지, 아무것도 줄 수 있는 게 없는 학생인 나와 대화하고 싶은 직장인이 있을까 하며 네트워킹을 피하고는 했는데요. 실제로 미국뿐만 아니라 한국에서도 많은 구직활동은 재직자 추천을 통한 경우가 많습니다. 이것이 불공평하다고 느껴질 수 있지만, 또 한 편으로는 얼마나 적극적으로 내가 관심 있는 회사를 이해하기 위해 노력했는가를 드러낼 유용한 기회이기도 합니다.

미네르바에서는 네트워킹 행사를 꽤 자주 만들어 주는데요, 네트워킹에 대한 학생들의 거부감과 두려움을 낮춰주는 데 큰 도움이 되는 것 같습니다. 저도 졸업할 즈음이 되니 낯선 사람을 붙잡고 내가 지금 어떤 일에 관심이 있는지, 그들은 어떤 커리어를 걸어왔는지, 나에게 어떤 조언을 줄 수 있는지 거침없이 물어보고 있더라고요. 물론 그냥 네트워킹 행사에 학생들을 떠미는 것은 아닙니다. 네트워킹에도 매너가 있어요. 예를 들어 주어진 시간 동안 다양한 사람과 만나야 하다 보니 한 사람을 오랜 시간 붙잡고 있는 것은 예의가 아닙니다. 따라서 적절히 대화를 끊고, 연락처를 받아 행사가 끝난 후 따로 미팅을 잡는 것이 현명한데 이런 부분도 미네르바는 세세하게 가르칩니다. 연락처를 받은 후에 어떤 식으로 이메일을 보내면 좋을지, 언제 보내면 좋을지와 같은 디테일을 챙기는 것이죠.

요즘 취업 준비생 혹은 신입 직원 사이에서 가장 많이 들리는 말은 "경력직만 뽑으려고 하니 취업이 어렵다."인 것 같습니다. 당연히 동의하고, 저도 그렇게 느낍니다. 경제 상황이 좋지 않을 때 고용 시장은 얼어붙고 위험을 줄이기 위해 기업은 바로 쓸 수 있는 경력직을 선호할 수밖에 없습니다.

뾰족한 답은 없지만 적어도 이 상황에서 제가 시도한 방법은 처음부터 대기업만 노리지 않는 것입니다. 많은 스타트업, 그리고 중소 및 중견 기업은 인재가 부족해요. 네임밸류에 대한 특별한 이유가 있지 않다면, 작은 규모에서 실무를 경험해 보고 난 뒤 차근차근 커리어를 성장시키는 것도 좋은 방법이라고 생각합니다. 정말 재밌을 것 같은 일이었는데 막상 회사에서 일을 하다 보면 생각보다 적성에 맞지 않는 경우도 있고, 급여 수준이 만족스럽지 않은 경우도 있고요. 작은 규모에서 더 빛을 발하는 사람일 수도 있고, 체계적인 곳에서 99를 100으로 만들어 내는 것이 더욱 잘 맞는 사람일 수도 있거든요. 내가 어떤 회사의 어떤 역할에서 가장 신나게 일할 수 있을지는 겪어보는 것이 가장 빠른 방법이지 않을까 싶습니다.

5장.
미네르바의 사람들

1장.
세상에 없던 대학,
미네르바

3장.
미네르바에서의 첫 해

6장.
미네르바가 알려준 것들

4장.
글로벌 고육 경험

2장.
꿈의 대학 선택

나는
미네르바 대학으로 간다.

8장.
미네르바가 우리 사회에
던지는 메시지

9장.
미네르바, 그 이후

7장.
현실적인 도전과 극복

5장.
미네르바의 사랑들

미네르바의 설립자

2011년, 벤 넬슨^{Ben Nelson}은 고등교육의 문제점을 해결하기 위해 한 가지 질문을 던졌습니다.

"왜 세계 최고의 대학들조차 학생들에게 진정으로 필요한 기술과 역량을 가르치지 못하는가?"

그의 질문은 머지않아 혁신의 씨앗이 되었죠.
벤 넬슨은 스냅피시^{Snapfish 1)}의 사장으로서 이미 기술과 창의력으로 전통적인 방식을 뛰어넘는 성공 경험이 있었습니다. 이번에는 전통적인 교육의 한계를 극복하기 위해 완전히 새로운 형태의 교육 모델을 구상했고, 이는 미네르바 프로젝트로 이어졌죠.

2012년 설립된 미네르바 프로젝트는 최신 학습 과학^{Science of learning}을 기반으로 설계된 혁신적인 커리큘럼과 기술을 결합한 모델을 제시했습니다. Keck Graduate Institute^{KGI 2)}와 협력하여 미

---

1) 웹 기반 인쇄 서비스를 제공하는 회사
2) 미국 캘리포니아주 클레어몬트에 위치한 대학원 기관으로, 생명과학과 헬스케어 산업에 특화된 교육을 제공합니다.

네르바 스쿨을 설립했으며, 학문적 깊이와 실용적인 역량을 모두 갖춘 글로벌 리더를 양성하는 것을 목표로 했습니다. 그래서 제가 입학할 당시만 해도 Minerva Schools at KGI가 미네르바의 정식 이름이었습니다. 'KGI 산하의 미네르바 스쿨'이라는 프로젝트에 가까웠죠. 지금과 마찬가지로 초기의 미네르바도 비판적 사고, 창의적 문제 해결, 효과적 의사소통, 그리고 문화적 이해라는 네 가지 핵심 역량을 중심으로 교육과정을 설계했습니다.

미네르바의 교육철학은 하버드 대학교 전 학장 스티븐 코슬린 Stephen Kosslyn 박사와의 협력을 통해 구체화하였어요. 코슬린 박사는 인간의 동기, 학습, 기억 연구를 기반으로 한 접근 방식을 도입하여, 학생들이 능동적으로 참여하고 사고를 확장할 수 있는 학습 환경을 구상했습니다. 모든 수업은 소규모 세미나 형식으로 진행되며, 독자적인 Active Learning Forum[3] 소프트웨어를 통해 실시간 피드백과 참여 분석이 가능했습니다.

만반의 준비를 거치고 2013년에 KGI와의 파트너십을 통해 미네르바 스쿨이 설립되었습니다. KGI는 Claremont Colleges[4]의 일원으로, 미네르바의 초기 설립과 성장에 필요한 학문적 지원과 인증을 제공했습니다. 이를 통해 미네르바는 예술 및 과학 학교와 경영 학교를 중심으로 구성된 강력한 학문적 기반을 갖출 수 있었습니다. 초기부터 WASCUC Western Association of Schools and Colleges/Senior College and

---

3) 지금은 포럼(Forum)이라고 부릅니다.
4) 미국 캘리포니아주 클레어몬트에 위치한 5개의 학부 대학과 2개의 대학원 기관으로 구성된 연합체입니다. 각 학교는 독립적으로 운영되지만, 학생들은 다른 학교의 수업을 들을 수 있고 '리버럴 아츠의 아이비리그'라고 불릴 만큼 수준 높은 교육을 제공하는 것으로 유명합니다.

University Commission 인증[5]을 받으며, 글로벌 교육기관으로 자리 잡는 데 필요한 신뢰와 구조를 확보했고요.

1년 후, 미네르바는 첫 번째 학생 그룹을 샌프란시스코에서 시작하며 전 세계 13개국에서 온 28명의 학생들을 맞이했습니다. 학생들은 학문적 도전에 그치지 않고, 각기 다른 도시에서 현지 사회와 상호작용하며 글로벌 시민으로 성장했습니다. 첫 학생들이 모집되고 나서는 점차 많은 학생들에게 미네르바 스쿨에 대한 소식이 전해지기 시작했습니다.

미네르바 프로젝트의 비전은 단순히 한 학문 기관의 일부로 남는 데에 그치지 않았습니다. 벤 넬슨은 미네르바를 완전히 독립적인 고등교육 기관으로 발전시키고, 교육의 혁신을 전 세계로 확대하고자 했습니다. 미네르바가 단순히 스쿨에서 끝나는 것이 아니라, 글로벌 교육을 선도하는 독립적이고 자율적인 대학으로 전환되어야 한다고 확신했던 거죠. 학생들의 규모가 커지면서 학문적 기반과 프로그램의 성공이 입증되기 시작하자 본격적으로 미네르바 대학으로의 성장을 준비합니다.

넬슨의 비전을 실현하기 위한 과정은 간단하지 않았습니다. 독립적인 대학으로 전환하기 위해 미네르바는 자체적으로 운영될 수 있는 학문적 기준과 행정적 구조를 재구성해야 했거든요. 새로운 형태의 교육 철학과 독립적인 재정 기반도 구축해야 했고요. 2021년, 모든 과정이 마침내 결실을 보며 미네르바는 '미네르바 대학교'로 공식 전환되었습니다. 당시 재학생이었던 저는 이 소식을 들으며 '아,

---

[5] 미국 서부 지역의 대학, 고등학교, 중학교, 초등학교가 교육의 질을 보장받기 위해 취득하는 공식 인증(Accreditation) 과정입니다.

진짜 내 학교가 대학교라는 독립 기관이 되었구나.'라며 반가움과 동시에 안도했던 기억이 납니다.

Minerva Schools at KGI에서 Minerva University로의 전환은 단순히 이름의 변화가 아니라, 전 세계의 학생과 교육자들에게 새로운 가능성을 제시한 중요한 이정표입니다. 미네르바 대학교는 이제 자체적으로 프로그램을 설계하고 운영한다는 뜻이니까요. 미네르바가 설립 초기부터 추구해 온 혁신적 교육 모델이 진정으로 독립적인 기관으로 완성된 순간을 의미하는 것이죠.

미네르바 대학교로의 전환은 단순히 대학 구조의 재편이 아니라, 전 세계의 고등교육이 나아가야 할 방향을 제시하는 중요한 메시지입니다. 이 전환을 통해 미네르바는 글로벌 교육 혁신의 선두 주자로서의 입지를 공고히 다지게 되었고요.

미네르바는 교육 혁신의 상징으로 일컬어집니다. 벤 넬슨은 미네르바를 통해 교육의 미래를 재정의하며, 학생들이 세계에서 중요한 변화를 끌어낼 수 있는 도구를 제공하고자 했습니다. 이는 단순히 대학의 한 형태가 아니라, 교육의 패러다임을 새롭게 바꾸는 도전이죠. 창립자 벤 넬슨의 이야기와 미네르바 대학의 성장 발자취가 대한민국 고등교육의 변화에도 좋은 촉매가 될 것이라 생각합니다.

미네르바의 교수자

가깝게 지냈던 교수님께 "미네르바에서 가르치는 일은 어떠세요? 다른 대학과 아주 다른가요?"라고 여쭤본 적이 있습니다. "미네르바의 교수는 괴로워요. 다른 대학보다 2~3배 더 힘들답니다."라고 대답하시더라고요. 아무것도 모르는 학생일 때는 왜 이렇게 성적이 늦게 나오는 건지, 평가가 기대보다 세심하지 않은지 볼멘소리하고는 했습니다. 하지만, 이 말씀을 듣고 미네르바의 수업과 성적 평가 시스템을 보니 교수자로서는 참 고될 수밖에 없겠더라고요.

일단 미네르바의 수업은 꽤 정형화되어 있습니다. 어떤 교수자가 와도 큰 차이 없이 수업이 매끄럽게 진행될 수 있도록 수업 전, 수업 중, 수업 후에 해야 할 일이 명확하게 정해져 있습니다. 모든 수업은 수업 전 읽기 자료와 학습 가이드라인(Study guideline)으로 시작합니다. 학생들이 교수님이 준비한 읽기 자료를 바탕으로 수업에 들어오면 바로 시작 질문을 내고, 수업 중에는 계속 학생들에게 질문을 하고, 질문을 받습니다. 질문을 받는 것은 아무래도 교수자의 관점에서 굉장히 익숙한 일이겠지만, 질문을 하는 것은 훨씬 더 많은 집중력을 요하는 일입니다. 학생이 질문에 제대로 답했는지, 그 답의 근거는 무엇인지 경청하지 않으면 수업이 진행되지 않기 때문이죠. 그렇게 90분 내내 학생과 질문이나 의견을 주거니 받거니 하다 보면 예상치 못한 질문 혹은 예리한 의견을 마주해야 할 수도 있습니다. 그러면 수업 후에 따로 연구하고 고민해 본 뒤 다시 이메일로 소통하거나 별도의 오피스아워^{Office hour}에서 더 이야기를 나누게 되지요. 이에 더해 한 학기 동안 3~4개의 과제를 내게 되는데, 학생은 에세이 하나를 제출하는 것이지만, 교수님은 18명의 과제를 3~4번 평가해야 하는 것이죠. 게다가 그냥 성적만 주는 것이 아니라 한 줄 한 줄 댓글을 남겨가며 성적의 이유까지 설명해 주어야 하는 겁니다. 교수님 마음대로 "에잇, 성적만 주고 대충 끝내야지."라고 하거나 "수업 중에 그냥 강의식으로 90분 동안 내가 가르치기만 해야지."라고 할 수 없도록 구조적으로 막아두었기 때문에 교수님들은 별수 없이 이 모든 일들을 해내야 합니다.

  그냥 90분 수업을 쭉 하거나 성적을 대충 준다면 어떤 일이 일어날까요? AI가 모니터링을 하다가 교수자에게 경고 알림을 주거나 하지는 않지만, 미네르바의 학생들이 교수자를 상당히 날카롭게 모니터링합니다. 실제로 한 교수님의 경우에 수업 준비와 진행 수준이 낮았던 적이 있어요. 학생이 A에 대해 질문했는데 B에 대해 대답하거나, 아예 잘못된 답변을 했는데도 좋은 답변이라며 그냥 넘어가는 일이 자주 발생했죠. 과제에도 특별히 개별화된 피드백 없이 많은 학생들이 복사, 붙여넣기를 한 것 같이 일괄적인 댓글을 받았던 적도 있습니다. 이런 일이 계속되자 학생들은 교수자의 태도를 문제 삼으며 근거 자료를 모아 학과장^{Dean of department}과 면담을 진행했죠. 이후에도 시정이 되지 않자, 그다음 학기부터 해당 교수님은 교수 명단에서 사라졌습니다. 조금 가혹하게 느껴지기도 합니다만, 미네르바의 수업은 90분으로 정말 짧은 편인데다 학생과 교수자의 상호작용이 가장 중요하다 보니 성실하지 않은 태도로 임하는 참여자라면 학생이든 교수자든 엄격한 잣대로 평가하는 분위기가 깔려 있습니다. 그러다 보니 교수님들이 미네르바의 학생들이 특별하다고 하면서도 수업을 준비하는 것은 너무 힘들다고 하시는 거죠.

수업에 대한 기준은 서로에게 엄격하지만, 개인 차원에서는 아주 독특한 관계들이 만들어지기도 합니다. 어떤 친구들은 교수님의 수업 넘어 저서나 논문, 회사에 관심이 많아 굉장히 가깝게 지내며 적극적인 교류를 하기도 하는데요. 저는 학업 외에는 먼저 다가가서 질문을 많이 하는 편은 아니었어요. 한국에서만 지내다 보니 교수님은 존경해야 할 스승 Teacher이지 인생의 친구 Life-long friend라는 상상 자체를 못 했던 거죠. 그래서 아주 특별한 인연이라고 생각하는 교수님, 알나브 셰스 Arnav Sheth의 이야기를 하지 않을 수 없습니다.

저는 재무 Strategic Finance 전공이라 관련 수업들이 많았는데, 3학년 때 듣고 있던 수업의 셰스 교수님을 마침 그 학기의 근로장학 프로그램에서 또 만나게 되었습니다. 해당 학기에는 교수님이 진행하고 있는 프로젝트의 연구를 돕는 연구 조교가 제 근로장학의 역할로 배정되었거든요. 수업 안팎으로 자연스럽게 교류가 늘어나다 보니 교수님과 개인적인 이야기도 종종 나눌 수 있게 되었습니다.

이때가 베를린 학기였는데, 어느 날 교수님이 곧 마드리드로 가족여행을 온다고 하시는 거예요. 그러면서 마드리드로 혹시 올 수 있냐며 비행기 삯을 대신 지급해 주겠다고 하셨죠. 와우! 심장이 두근거렸습니다. 미네르바에서는 생각보다 교수님을 대면으로 만날 기회가 적거든요. 교수님이 직접 기숙사로 찾아오시는 경우나 졸업식 정도를 제외하고는 굳이 만날 이유나 사건이 없기 때문입니다. 게다가 이 교수님을 굉장히 좋아했어요. 유쾌한 성격으로 수업을 아주 재밌게 진행하시는 데다가 그 당시 관심 분야였던 금융 시장에 관한 연구를 하고 계셨거든요. 교수님 덕분에 마드리드로 가서 교수님의 가족과 식사도 하고 미술관도 가며 즐거운 시간을 보냈습니다.

Sheth 교수님과

미네르반 중 저와 같은 경험을 한 학생은 거의 없을 겁니다. 교수님의 초대로 낯선 도시에서 처음으로 얼굴을 마주했기 때문인지 교수님이 미네르바를 떠나시고 나서도, 제가 졸업을 하고 나서도 종종 연락하며 근황을 묻고 지내는 돈독한 사이로 남을 수 있게 되었어요. 교수님과 학습자-교수자 이상으로, 이제는 함께 성장해 나가는 인생의 동반자이자 늘 삶에 대한 조언을 주는 멘토-멘티로 지내고 있습니다.

미네르바의 운영자

미네르바는 총 10개의 팀으로 구성되어 있습니다. 각 팀이 유기적으로 움직이며 학생이 성공적으로 미네르바에 지원하고, 학교생활을 알차게 할 수 있도록 도우며, 졸업 후에도 하나의 커뮤니티를 이룰 수 있도록 돕습니다.

팀 이름	역할
Academic Administration	학사 행정과 교과 과정 관리
Coaching & Talent Development	인재 개발 및 커리어 코칭
Global Student Life	기숙사 생활 관리 및 심리 건강 지원
Global Student Services	학생 서비스 제공 및 규정 준수 관리
Admissions	입학 절차 및 지원자 관리
Advancement	전략적 파트너십 및 발전 프로그램
Marketing | Brand & Creative	글로벌 마케팅 및 브랜드 관리
Enrollment	학생 등록 관리 및 지역별 모집 활동
Finance & Operations	재정 관리와 행정 사무
Information Systems & Operations	정보 시스템 관리 및 운영

마케팅팀을 통해서 전 세계의 학생들에게 미네르바 대학을 알립니다. 그렇게 유입되는 학생들이 지원을 결심하게 되면 주로 다음과 같은 순서로 연결됩니다.

1. **Admissions Team**
    - 지원 및 합격 단계에 거쳐 질의응답
2. **Enrollment Team**
    - 합격 후 등록 단계에서 생기는 이슈 해결
3. **Global Student Services Team**
    - 학기 시작 전 주로 비자 관련 문제를 해결
4. **Finance & Operations Team**
    - 장학금을 비롯한 재정 보조(Financial Aid)의 설계 및 지원
5. **Global Student Life Team**
    - 도시별 기숙사 생활 및 도시 생활 지원
6. **Academic Administration Team**
    - 학기 시작 전 수강 신청 및 학기 중 수강 신청 철회

각각의 팀이 학생과 어떤 관계성을 가졌는지를 위주로 설명해 드릴게요.

지원 및 등록 단계

Admissions 팀은 지원부터 시작해서 최종 결과를 통보받기까지의 전 과정에 걸쳐 학생의 첫 번째 연락처가 됩니다. 다양한 질의응답을 진행해요. '이 서류는 어떻게 번역해서 제출해야 하나요?'와 같은 행정적인 질문부터 '미네르바 재학생과 대화해 보고 싶은데, 연결해 주실 수 있나요?'처럼 지원 단계에서 생길 수 있는 질문들에 대한 일차적인 답변을 해주는 팀입니다. 합격 후에 등록할 때는 Enrollment 팀이 들어옵니다. 등록금을 내고 미네르바 대학의 일원이 되는 첫 과정에서 생기는 다양한 문제들을 해결합니다.

합격 이후

Global Student Services 팀은 학기마다 다른 도시로 이동해야 하는 학교의 특성상 당연하게도 비자를 비롯한 다양한 행정적인 문제가 발생할 수밖에 없습니다. 예를 들어 한국 학생이 미국으로 가기 위해서는 F-1 학생비자를 발급받아야 하는데 관련해서 어떤 서류가 필요한지 안내해 주고, 혹시 비자가 거절되었을 때 어떤 식으로 비자 재신청을 할지를 함께 고민해 주는 팀이죠.

장학금을 전혀 받지 못했던 학기의 경우에는 약 $14,000(당시 한화로 약 1,600만 원)을 냈고, 장학금을 아주 많이 받았던 학기의 경우에는 약 $8,000(당시 한화로 약 1,000만 원)을 냈습니다. 이 금액은 학비와 기숙사비가 포함된 금액이에요. 미네르바는 성적 장학금은 부여하지 않습니다. 여유로운 집안 환경을 가진 학생은 생계 걱정 없이 공부에만 집중할 수 있고, 따라서 성적이 좋을 가능성이 높다는 점을 고려합니다. 미네르바의 장학금은 100% 학생의 재정 상황을 기반으로 판단하여 주어집니다. 정확한 계산식은 알려지지 않으나 학생의 가용자금, 부모님의 차, 집 등을 포함한 자산 등에 관련된 서류를 제출하도록 하여 이를 기반으로 종합적으로 분석하는 것이죠. 저희 집안 사정이 나빠졌을 때가 바로 $8,000가량의 학비를 냈을 때고 연간 약 1,000만 원을 덜 내고 학교에 다닐 수 있었습니다. 이런 재정지원 프로그램을 만들고 운영하는 것이 Finance & Operations 팀에서 담당하는 주요 업무 중 하나라고 볼 수 있습니다.

한국 국공립대학에 비하면 훨씬 비싸고, 한국 사립대학교와 비교했을 때도 약 1.5~2배 정도 비싼 학비인 것은 맞습니다. 하지만 잊지 말아야 할 점은 미네르바 대학은 미국 대학교라는 점이죠. 미네르바의 학비는 미국 대학교와 비교해 봤을 때 약 ⅓ 정도입니다. 재정적인 이유로 미국 대학 진학을 망설이고 있던 학생이라면 아주 경제적인 학비인 것이 사실입니다. 또한 학교에서 7% 수준의 이자로 학자금 대출이 가능하며, 실제로 제 주변의 친구들은 방학에 아르바이트 혹은 인턴, 졸업 후 일을 하면서 2~3년 이내에 학자금 대출을 모두 상환해 나가고 있습니다.

학교생활 중

　행정적인 부분이 해결되고 본격적으로 학교생활을 준비하는 시점에는 Global Student Life 팀이 등장합니다. 도시마다 문화, 언어, 생활환경 등에 대한 기초 자료를 제공함은 물론이고 기숙사 및 현지 생활을 하며 발생하는 각종 문제를 함께 해결하고자 머리를 맞대는 팀입니다. 이 팀에 소속된 스텝은 모두 현지에 거주하며 빠르게 학생들의 문제를 해결해 주죠. 한 예로 코로나가 한창이던 시절, 런던에서 학기를 보낼 때 코로나 확진을 받은 학생이 발생하면 재빨리 격리 조치를 하고, 남은 룸메이트들의 안전과 건강을 위해 여러 가지 지원 방안을 마련해주었습니다. 현지에서 생활하다 보면 아무래도 다양한 돌발 상황에 마주하게 되는데, 그럴 때마다 이 팀의 도움이 얼마나 소중한지를 깨닫게 됩니다. 학습과 생활의 조화를 잘 만들어 내기 위해 상담 서비스, 스트레스 관리 워크숍, 커뮤니티 빌딩 이벤트 등 학생들의 전반적인 복지를 향상하기 위한 다양한 프로그램이 마련되어 있습니다. 학사 일정이 빠듯하고, 자기 나라를 떠나와서 낯선 도시에서 적응하면서 학생들은 다양한 심리적, 정서적 문제에 마주하고는 하는데요. 이런 걱정을 한시름 놓을 수 있었던 것은 학생생활을 지원하는 전문 팀이 있었기 때문이겠지요.

　Global Student Life 팀은 학생들이 학업 외의 활동에 참여하고, 새로운 친구를 사귀며, 다양한 문화적 경험을 쌓을 수 있도록 돕습니다. 이러한 경험은 학생들이 글로벌 리더로 성장하는 데 중요한 역할을 합니다. 다양한 배경을 가진 학생들이 함께 생활하고 학습하는 환경에서, 학생들은 서로 다른 관점을 이해하고 존중하는 법을 배우게 됩니다.

  Academic Administration 팀도 빼놓을 수 없죠. 미네르바는 수강 신청을 선착순으로 받지 않습니다. 희망 전공, 부전공하기 위해 반드시 이수해야 하는 강의, 학생의 수업 시간 선호도를 고려하여 학기가 시작되기 전에 설문 양식이 오픈됩니다. 이때 1~3순위까지 수업을 정해서 제출하고 나면 자체적인 알고리즘으로 강의를 배정해 줍니다. 예를 들어 2학년 2학기에 제 동기들은 대부분 런던 혹은 베를린에서 학기를 진행했습니다. 하지만 저를 비롯한 소수의 학생들은 자국에 남아있는 경우가 있었죠. 이때 수강 신청에 실패해서 비자발적으로 수업을 새벽 3시에 들어야 한다면 얼마나 힘들었을까요? 학생의 우선순위를 고려해서 수강 신청을 조율해 주고, 학기가 시작되고 특정 기간 내에 수강 철회 Drop 해야 할 때도 해당 팀과 활발하게 논의가 진행됩니다. 학습의 측면에서 아주 중요한 역할을 하는 팀이라고 볼 수 있죠.

졸업 후

  특히 Coaching & Talent Development CTD 팀의 경우에는 미네르바 대학을 졸업한 이후에도 지원 서비스가 계속됩니다. 평생 A/S 같달까요? CTD 팀은 미네르바 대학 학생들의 커리어 개발을 돕는 핵심적인 역할을 합니다. 이 팀은 재학하고 있는 시간뿐만 아니라 졸업 후에도 성공적인 경력을 쌓을 수 있도록 지속적인 지원을 제공합니다. CTD 팀의 코칭 프로그램은 개인 맞춤형으로 진행되며, 각 학생의 강점과 목표를 바탕으로 한 진로 상담을 통해 학생들이 잠재력을 최대한 발휘할 수 있도록 돕습니다.

재학 중인 학생들은 전공 선택, 인턴십 기회, 연구 프로젝트, 네트워킹 등 다양한 분야에서 CTD 팀의 도움을 받습니다. CTD 팀은 학생들이 진로 목표를 명확히 설정하고, 이를 달성하기 위한 구체적인 계획을 세울 수 있도록 돕습니다. 또한, 학생들은 업계 전문가들과의 멘토링 기회를 통해 실무 경험을 쌓고, 실질적인 조언을 받습니다. 저 같은 경우에는 이력서를 쓰는 방법조차 몰랐는데 CTD 팀에서 정기적으로 여는 워크샵, 교육 세션 등에 여러 번 참여하면서 좋아하는 일, 하고 싶은 일, 내 삶의 가치를 찾고 그에 맞춘 이력서를 쓸 수 있게 되었습니다. 1학년 2학기부터는 본격적으로 여름 인턴십을 구하기 시작했는데, 미네르바와 연계된 인턴십이 공고로 뜨기도 해서 제 친구들 중에는 이렇게 첫 커리어를 시작한 경우가 종종 있습니다. 학생이 스스로 찾은 인턴십도 서류 전형 준비에 대한 코칭을 요청할 수 있고, 면접을 대비해 모의 면접을 함께 진행해 주기도 합니다. 저도 첫 인턴십을 구할 때 CTD 팀에게 실질적으로도 심리적으로도 많이 의지했던 기억이 납니다.

졸업생들이 커리어 전환을 할 때나 새로운 도전을 시도할 때도 CTD 팀의 조언과 지원을 받을 수 있습니다. 이러한 지속적인 지원은 미네르바 졸업생들이 변화하는 직업 시장에서 유연하게 대처하고, 지속적인 성장을 이룰 수 있도록 돕습니다.

5장.
미네르바의 사람들

1장.
세상에 없던 대학,
미네르바

3장.
미네르바에서의 첫 해

6장.
미네르바가 알려준 것들

4장.
글로벌 교육 경험

2장.
꿈의 대학 선택

나는
미네르바 대학으로 간다.

8장.
미네르바가 우리 사회에
던지는 메시지

7장.
현실적인 도전과 극복

9장.
미네르바, 그 이후

6장.
미네르바가 알려준 것들

진정한 협력의 의미와 가치

　미네르바에서의 시간은 처음으로, 제대로 된 의미의 '함께 한다.'를 알려주었습니다. 제가 몇 년 전 쓴 글에는 "친구가 나보다 잘한다고 해서 성적이 떨어지는 상대평가가 아니라는 점이 가장 행복하다."라는 말이 있더라고요. 과제에 눌려 늦은 새벽까지 노트북 앞에 앉아있을 때 주변 친구들이 함께 깨어있는 것이 불안하거나 의식되지 않고 오히려 힘이 될 수 있음을 느꼈던 시간이었어요.

　저는 한국에서 나고 자라며 아주 보편적인 한국의 교육 시스템 속에서 살아왔습니다. 특히 자사고를 다니면서는 '친구'라는 개념을 아예 잊고 살았습니다. 180명 정도 되는 작은 학교에서 문과는 30명 안팎이었는데, 그중에서 상대평가로 성적이 매겨졌으니까요. 친구라고 불리는 경쟁자 혹은 무찔러야 할 적처럼 느껴지는 시간들이 훨씬 많았습니다. 그것이 씁쓸했지만, 시스템 속에서 저는 탈출이 아닌 순응을 택했습니다. 한국의 경쟁 시스템은 이미 익숙했고, 지기 싫은 성격 때문에 오히려 무리 내에서 가장 잘나고 싶다는 야망으로 경쟁을 즐기는 쪽에 가까웠죠.

그렇기에 미네르바에서 친구를 친구 그 자체로 받아들이기까지 꽤 오랜 시간이 걸렸습니다. 고등학교 생활을 하면서는 누가 내 자료를 볼까 봐, 나보다 더 좋은 성적을 받을까 봐 도움을 주고받는 것이 마음 편치 않았거든요. 엄청 계산적인 사람이었죠? 미네르바에서는 상대평가가 없으므로 서로의 능력을 그대로 인정하고, 도움을 주고받는 것이 자연스러웠습니다. 나는 온전히 나의 실력으로만 평가받기 때문에 친구가 좋은 성적을 받는다고 해서 나의 가치가 낮아지지 않았거든요.

교육에 경쟁이 불필요하다고 생각하지는 않습니다. 경쟁 상대가 있다는 건 그만큼 자신을 발전시킬 가능성이 있다는 것이니까요. 실제로 저는 뛰어난 친구들을 보며 폭발적으로 성장한 경험이 있습니다. 회사 생활을 하는 지금도 저보다 훌륭한 동료와 선배를 보며 이들을 뛰어넘는 꿈을 꾸며 성장하고 있고요. 그렇지만 협력의 가치 이전에 경쟁에 먼저 익숙해지는 구조는 때로 저를 참 아찔하게 만듭니다. 좋은 친구, 좋은 사람, 좋은 시민이 되는 법에 대해서 충분히 배우고 고민해 본 뒤에 경쟁을 알게 된다면 경쟁의 긍정적인 면들만 쏙쏙 빼 올 수 있을 텐데요.

미네르바의 수업이 시사하듯 교수님이 계속해서 '강의'하지 않고 학생들이 한 주제에 대해 '생각'이라는 것을 할 수 있도록 유도하고, 그렇게 해서 형성되는 담론이 방향을 잃지 않도록 톡톡 쳐주기만 하더라도 배움의 경험이 달라질 수 있다고 생각합니다. 지식은 전달받는 것이 아니라 주체적으로 수용하고 가공하는 것이니까요. 이런 수업 방식에서 상대평가를 도입했다면 어땠을까요? 아마 이기기 위한 토론을 했을 것입니다. 틀릴 수도 있는 내 생각을 말하기보다는 정답으로 보이는 누군가의 생각을 이야기했을 것이고, 친구들과 과제를 돌려보며 서로 피드백을 주기보다는 각자의 과제를 꼭꼭 숨겨놓고 보여주지 않았을 것 같아요.

교육의 본질은 '무엇을 가르치느냐'보다는 '한 사람을 어떻게 변화시킬 수 있는가?'가 아닐지 싶어요. 미네르바의 수업에 경쟁은 찾아볼 수 없었습니다. 협업만 있을 뿐이었죠. 경쟁이 가장 효율적인 성장의 방식이라고 생각했던 저의 믿음이 무너지는 경험이었어요. 경쟁의 자리는 신뢰가 대신하게 됩니다. 좋은 성적을 받기보다는 다양한 생각을 공유하며 내 생각을 확장하기 위해 수업에 참여하고 있음을 알고 있기 때문에 편견 없는 대화가 가능해집니다. 미네르바를 졸업하고 가장 적응이 안 되는 부분 중 하나는 다양성에 대한 인식일 만큼요.

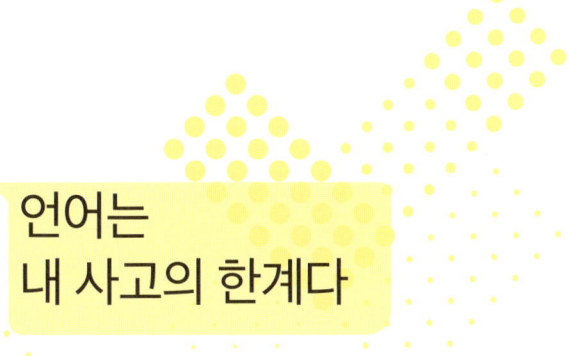

언어는
내 사고의 한계다

　미네르바 대학은 7개국에서 생활하는 커리큘럼이기는 하지만 본질은 미국 대학교입니다. 모든 수업이 영어로 진행되다 보니 기본적인 영어 실력은 필요합니다. 제가 다녔던 스타트업도 해외 파트너와 미팅이 잦고, 해외 출장도 자주 있는 편이라 비즈니스 영어 능력이 굉장히 중요했어요. 한국에서 태어나 한국의 영어 교육 시스템 속에서 20여 년을 보낸 제게 영어는 과거에도 지금도 부지런히 공부해야 하는 숙제입니다. 이제는 영어로 일상 회화를 하는 데 전혀 무리가 없음에도 불구하고 여전히 회사에서 지원하는 영어 전화 수업을 꾸준히 들었던 이유도 마찬가지입니다. 미네르바를 졸업한 후 영어를 거의 접하지 못하고 있는 데다 한국에 머무르는 시간이 길어지면서 영어 실력이 뚝뚝 떨어짐을 느꼈기 때문이죠.

　제가 학창 시절에 썼던 유행어들이 지금은 촌스러운 표현이 되어 있는 것처럼 언어는 생물과 같아서 살아 움직이기 때문에 시대에 따라 변합니다. 그러다 보니 영어는 계속해서 읽고 쓰지 않으면 노력이 무색하게도 빨리 잊힙니다. 영어단어를 들으면 무슨 뜻인지는 알지만, 스스로 생각해서 말하려고 하면 기억이 안 나는 경험이 있으실 거예요. 영어를 공부해 오며, 또 영어를 가르쳐 보기도 하며 뼈저리게 느낀 점은 영어 공부는 미리미리 해두면 무조건 좋다는 것입니다. 어릴수록 뇌는 새로운 정보를 스펀지처럼 쏙쏙 빨아들입니다. 25살의 제가 새로운 단어를 외우는 것보다 15살의 지엽이가 훨씬 빠르게 많이 외울 수 있습니다. 더욱 대단한 점은 15살의 지엽이는 한 번 외운 단어를 훨씬 오래 기억할 수 있어요. 그러니 학습 효율을 위해서라도 영어 공부는 하루빨리 시작하는 것이 좋습니다. 고등학교 입학 전 선배들에게 "어떤 걸 미리 준비해 가면 좋을까요?"라고 물었을 때 꼭 나오는 대답은 "뭐 하나라도 완성해서 오면 삶이 훨씬 편하다."였습니다. 학년이 올라갈수록 공부할 양이 늘어나는 것은 물론 공부의 깊이가 늘어나며 난도가 올라갑니다. 그러다 보니 기초가 전혀 없는 상태로 모든 공부를 시작하려고 하면 막막할 수밖에 없어요. 비교적 시간 여유가 있는 중학생 때 다른 과목보다도 영어를 먼저 일정 수준 이상 끌어올려 놓기를 추천합니다. 실제로 저는 고등학교에 올라가서 내신 대비 외에는 영어 공부를 따로 하지 않았습니다. 영어에서 시간을 번 만큼 약점이었던 수학에 집중할 수 있었어요. 특히 영어는 다른 과목에 비해 학년별 수준이라는 것이 거의 없다고 볼 수 있습니다. 1학년 수학 개념을 알아야 2학년 수학 문제를 풀 수 있는 것과 달리 수준 높은 어휘가 늘어나고 문장이 복잡해지기는 하지만 영어는 학년 간 경계가 흐려요. 그러니 진도에 너무 목메지 않아도 되는 거죠. 시간이 있을 때 조금씩 조금씩 쌓아놓기에는 영어만큼 좋은 과목이 없습니다.

무엇보다도 언어는 내 세상의 한계이기 때문에 영어를 꼭 열심히 배워야 합니다. 전략적인 입시 이야기보다도 더 중요한 사항이라고 생각합니다. 우리는 생각하는 만큼 말할 수 있고, 말하는 만큼만 생각할 수 있습니다. 누가 뭐래도 세계 공용어는 영어로 자리 잡았고, 어떤 나라에 가도 영어를 할 수 있으면 대부분의 의사소통이 가능합니다. 그러니 영어를 배우는 것은 내가 경험할 수 있는 세계를 넓혀 나가는 일과 같아요. 미네르바 대학교에 다니면서도 꾸준히 일을 하며 유럽 학기에는 짬을 내어 유럽 여행을 정말 열심히 다녔어요. 여자 혼자 유럽 여행을 다니는 것이 무섭지는 않았냐고 많이들 물어보시는데요, 저는 전혀 두렵지 않았어요. 문제상황이 생기면 소통을 할 수 있다는 자신감이 있다면 낯선 곳으로 가게 되어도 크게 긴장하지 않을 수 있습니다. 제가 영어를 공부해서 가장 좋았던 점은 바로 이 부분이었어요.

스페인 바르셀로나에서 홀로 여행을 다니던 어느 날, 햇살이 포근하게 쏟아지고 바람이 살랑살랑 불어오는 사랑스러운 날씨를 만끽하고자 테라스 자리에 앉아 늦은 저녁을 먹었습니다. 그날 먹었던 파에야가 너무나도 기억에 남았던 나머지 다음 날 밤 똑같은 식당에 가게 되었죠. 그런데 분명 어제 제 옆자리에서 샹그리아를 마시고 있던 남자분이 오늘은 서빙을 하는 게 아니겠어요? 서버도 저를 알아보고 "어! 너 어제도 왔잖아?"라고 하더라고요. 그때부터 둘의 수다가 시작되었습니다. 낯선 도시에서 낯선 사람과 대화하다 보면 내가 살아있다는 느낌을 징렬하게 받습니다. 자유로움과 해방감도 느껴지고요. 이것이 가능했던 건 바지런히 영어를 공부해 왔기 때문일 겁니다.

조금씩 모은 돈으로 유럽 여행을 다니다 보니 아무래도 저렴한 숙소를 찾을 수밖에 없었는데요. 제가 자주 이용했던 건 에어비앤비였어요. 집주인이 자기 집이나 방 한 칸을 내어주는 시스템인데, 호텔에 비해 훨씬 저렴한 경우가 많거든요.

그리스 아테네에 묵었던 어느 날이었습니다. 도시에 일찍 도착한 나머지 체크인 시간보다 1시간 정도 일찍 도착했어요. 호스트가 마중 나왔는데 아직 숙소는 청소 중이라 잠깐 밖에 있는 소파에 앉아 기다리라고 하더군요. 신분증을 전달하며 체크인 과정을 밟다가 호스트와 이런저런 이야기를 나누게 되었어요. 어릴 적부터 그리스와 로마 신화 만화책을 수십 번도 더 읽다 보니 그리스에 대한 환상이 엄청났죠. 그래서 포세이돈 신전을 보러 꼭 가고 싶었어요. 아테네 도심에서 2~3시간은 떨어진 수니오라는 곳까지 가야 하는데 어떻게 가야 좋을지 모르겠더라고요. 아테네의 표지판은 모두 그리스어로 쓰여있어 제가 읽기에 어려움이 많았거든요. 호스트를 붙잡고 어떤 버스를 어디에서 타야 하나부터 시작해서 왜 그리스에 왔는지, 무엇을 할 건지, 다음 목적지는 어디인지 한참을 대화했어요. 여기서 유창한 영어가 중요하지는 않습니다. 브로큰 잉글리시 Broken English[1]로 소통하는 묘미도 있거든요. 그리스어를 쓰는 사람과 한국어를 쓰는 사람이 영어라는 제3의 언어로 대화하는 겁니다. 그러니 영어를 잘하는 것은 차치하고서라도 내가 영어를 할 줄 안다는 것은 곧 영어가 없었다면 소통할 수 없었던 사람과도 대화를 나누고, 그렇게 더 많은 사람을 배워갈 수 있다는 것입니다.

---

1) 문법적으로 틀리거나 어색한 표현이 섞인, 유창하지 못한 영어

영어 공부는 어렵습니다. 유럽 사람들이 영어를 배우는 것과 동아시아인이 영어를 배우는 것은 차원이 다릅니다. 언어학적으로 영어는 우리말과 아무런 교차점이 없거든요. 얼마 전 미래 교육에 대해 강의하고 나서 받은 질문에서 시작된 대화가 생각납니다.

질문자_ 요즘 수능 영어의 방향을 놓고 말들이 많아요. 대학에서 공부하시면서 수능 영어에 맞춘 우리 영어 교육이 도움이 되셨나요? 아니면 대학에서 학업을 위해 우리 영어 교육이 대폭적인 개선이 필요할까요?

지엽_ 저도 교육 정책을 만드는 사람이 되고 싶었던 적이 있어 고등학교 내내 많이 했던 질문이라 반갑습니다. 사실 수능 영어만 놓고 대학 공부에 도움이 되었다고 평가하기에는 제 영어 능력에 영향을 미친 요소들이 정말 다양해서 어렵긴 하지만, 개인적으로는 수능 영어는 정말 잘 만들어진 영어 시험이고, 그 시험을 준비하기 위해 하는 영어 공부가 절대 헛되지 않았다고 생각합니다. 수능 영어에 맞춘 우리 영어 교육은 독해에 아주 큰 초점을 맞추고 있는 것 같습니다. 그래서 주어진 글을 읽고 이해하는 역량은 잘 배양된다고 생각합니다. 다만, 대학에서의 학업은 글을 읽고 이해하는 것만큼 본인의 생각을 잘 쓰고, 말하며, 상대방의 이야기를 잘 듣는 역량이 종합적으로 필요합니다. 한국에서 친구들과 이야기해 보면서 안타까웠던 건, 한국의 영어 교육이 수동적이라는 것입니다. 듣고, 읽는 건 누군가의 생각을 받아들이는 수동적인 언어 영역이고, 말하고 쓰는 건 능동적인 언어 영역이라고 생각합니다. 우리는 잘 듣고, 해석하는 사람이시만 그에 비한나면 우리의 생긱과 강점을 잘 어필하지 못하는 경향이 있는 것 같습니다. 따라서 우리 영어 교육이 당연히 도움은 되었지만, 더 개선하기 위해서는 읽기뿐만 아니라 쓰기와 말하기에도 더 큰 노력을 할애해야 한다는 것이 제 생각입니다. 결국 언어라는 건, 나의 사고를 제한하게 됩니다. 그 사고를 확장하기 위해 언어를 배우는 것이 목적이라면 정보의 입력(Input)과 의견의 출력(Output)이 균형 잡힐 수 있는 교육이 필요할 것입니다.

질문자_ 수능 영어가 읽기 능력 배양에 도움이 된다는 말로 이해됩니다. 저도 이점에 있어 동의합니다. 한 가지만 더 물어볼게요. 이와 관련해서 수능 영어가 다루고 있는 주제가 석사 이상 과정의 깊이 있는 배경지식을 요하고(그리고 그에 따른 다소 전문적인 어휘 포함) 문법도 지나치게 높다는 지적이 있어요. 이런 점에 대해서는 어떻게 생각하나요?

지엽_ 해당 지적에 대해서는 크게 공감하지 못합니다. 수능 영어가 다루고 있는 문제 중 물론 내용 자체가 어려운 지문이 있습니다. 하지만 수능 영어가 어떠한 배경지식을 요한다고 생각하지는 않습니다. 토플과 마찬가지로 배경지식이 없다고 지문을 이해하기 어려운 것은 아닙니다. 오히려 어려운 지문에서는 반복적으로 부연 설명을 해줍니다. 마치 독자가 글을 제대로 이해하며 따라오고 있는지 지속해서 확인하는 것 같달까요? 같은 맥락으로 전문적인 어휘, 즉 고3의 수준을 넘는 어휘의 경우 수능은 늘 별표 처리 후 주석을 달아줍니다. 따라서 석사 이상 과정의 깊이 있는 배경지식이나 전문적인 어휘의 사용에 대한 지적은 공감하기 어렵습니다. 수능은 오히려 문법을 아주 낮은 비중으로만 가져가고 있다고 생각합니다. 이는 수능 영어의 문법 문제가 1문제이며, 이조차도 아주 기본적인 시제/복수형 등의 문제가 출제됩니다. 텝스나 토익의 문법과 비교할 필요도 없이 수능 영어의 경우 고등학교 교육과정에 아주 충실한 문법이라고 생각합니다. 문법 문제를 제외하고서는 문장의 구조가 어렵게 느껴질 수는 있습니다. 문장의 호흡이 길기 때문일 텐데요, 이 또한 고등학교 교육과정에서 크게 벗어나지 않는다고 봅니다. 고등학교 교과서에도 이미 수능 영어에서 보여주는 복잡도의 구문은 사용되고 있기에, 문법에 대한 지적 또

한 동의하지 못합니다. 개인적으로는 문법보다는 구문을 이해하는 것이 중요하다고 생각합니다. 주어가 무엇이고, 동사가 무엇이고, that 절부터는 끊어 읽어야 하고…. 이런 얄팍한 기술 위주의 수업에 익숙한 학생들은 고1~2까지는 모의고사 영어가 괜찮다가 고3이 되는 순간 굉장한 어려움을 호소합니다. 한글을 한국어 그 자체로 이해하듯, 영문도 영어라는 언어 그 자체로 이해하는 훈련을 하다 보면 문법은 사실 크게 중요하지 않으며, 수능의 구문 또한 지나치게 높지는 않다고 느껴질 것입니다. 조심스러운 이야기입니다만, 수능은 결국 평가를 위해 만들어진 시스템입니다. 수능 영어만큼 수능 국어도, 수학도 어려우며, 이는 변별력을 가진 평가로서의 목적을 달성하기 위해서는 당연하다고 생각합니다.

대한민국 입시 과정에서 만나는 영어 교육에 대한 문제 제기와 염려는 오랜 시간 이어져 왔습니다. 저는 한국의 영어 교육과정이 충분히 훌륭하다고 생각하는 사람입니다. 많은 분들의 고민으로 만들어진 시스템이니까요. 영어 교육의 본질적인 문제는 '교육과정을 어떻게 고쳐야 한다'가 아니라 '우리가 영어를 어떤 수단으로 대할 것인가?'라고 봅니다. 저희 어머니께서는 늘 "지금 네가 하는 수학 공부가 대학을 잘 가기 위한 공부라면, 영어 공부는 인생을 풍성하게 살아가기 위한 공부다."라고, 강조하셨어요. 저희 부모님은 'Hello', 'How are you'와 같은 기본 회화 정도만 하시지만, 당신의 아들딸은 더 넓은 세상을 살아가길 원하셨던 것입니다.

입시 시스템 속에서 대학을 잘 가기 위해 하는 공부도 물론 중요합니다. 하지만 이는 시스템에 순응하는 것이죠. 인생을 더 멀리 보면 내가 보고 듣고 느끼는 세상의 크기를 키우기 위해 하는 영어 공부도 존재합니다. 이는 시스템에 적응하는 것이라고 말하고 싶어요. 순응과 적응은 한 끗 차이입니다. '제도 속에서 주어진 것만 할 것인가'와 '제도 속에서 내가 할 수 있는 것들을 찾을 것인가'는 분명 다른 일이지요. 어떤 목적을 우선시할지는 각자 선택하는 것이지만, 입시제도 밖에는 더 큰 세상과 다양한 삶들이 존재하며 이를 경험하기 위해서는 능동적이고 적극적인 배움이 필요합니다.

자신과의 관계의 중요성

미네르바 대학에 다니며 3학년 때까지는 정말 폭주하는 기관차였던 것 같아요. 학업과 회사 업무를 병행하면서 20대 초반 이전의 저를 경험했던 분들은 모두 저를 '일 중독자'라고 부를 만큼 바쁜 일정으로 살았습니다. 바쁨이 삶의 유일한 원동력이었던 시기가 있습니다. 바쁜 나의 모습 그 자체가 좋았던 거예요. 종일 빡빡한 일정을 살아내고 나면 그게 그렇게 뿌듯할 수가 없었습니다. 무언가 대단한 것을 해낸 것도 아닌데 말이죠. 다이어리에 할 일을 가득 쓰고 나서 일을 끝낼 때마다 줄을 하나씩 긋는 것이 좋았습니다. 열심히 살았단 흔적이 마치 내가 뒤처지지 않고 있다는 증거 같아서요. 하지만 몸과 마음 모두 지쳐가고 있었습니다. 잠은 늘 부족했고 마음은 빈곤했습니다. 바쁜 하루가 끝나고 나면 뿌듯했다고 느끼는 날보다 무엇을 위해 이렇게까지 치열하게 살아야 하나 허탈함을 느끼는 날이 많아졌죠. 이건 지속 가능하지 않은 일상이었습니다.

4학년이 되고, 학점을 모두 채운 상태로 졸업 논문에만 집중하는 시기에 접어들면서 태어나서 처음으로 '아무것도 안 하는 주말'을 마주했습니다. 처음에는 비는 시간에 도대체 무엇을 해야 할지 몰라서 "주말에는 뭘 하세요?"라는 질문을 정말 많이 하고 다녔어요. 어쩔 줄 모르는 사이 시간은 계속 지나갔고, 이제는 더 이상 안 되겠다는 마음에 숨을 고르면서 그간의 여정을 돌아보는 시간을 가지기로 결심했어요.

미네르바 대학에 다니면서 저는 마음의 감기를 심하게 앓았습니다. 새로운 도시로 적응, 매번 어려운 영어, 진로에 대한 불확실함을 해결하는 데 급급해 자신을 돌보지 못했거든요. 미네르바에서의 여정이 마무리될 무렵에는 나와의 관계 또한 소중하게 여길 줄 아는 사람으로 성장했는데요. 일단 나부터 건강해지자며 내 마음이 보내는 크고 작은 신호들에 귀 기울이기로 했기 때문입니다.

삶은 어떠한 목표나 목적에 도달하는 것이 아니라 과정의 연속일 뿐이라고 생각합니다. 그러니 단거리 선수처럼 죽을힘을 다해 뛰기보다는 호흡을 일정하게 고르며 오래 달리는 것이 중요한 것 같아요. 달리다가 걷기도 하고 잠시 쉬기도 하고 그 모든 순간을 충분하게 누리며 살아가고 싶습니다. 이를 위해서는 내가 하는 일의 양뿐만 아니라 경험의 질에도 신경 쓰는 것이 필요하다는 것을 깨달았어요. 대단한 성취보다도 일상의 자그마한 순간들에서도 기쁨과 만족을 찾는 것이 중요하다는 것을 깨달았습니다. 쉬어야 할 때와 걸어야 할 때, 뛰어야 할 때와 속도를 줄여야 할 때를 정확하게 아는 것이 앞으로 더 갖춰나가야 할 지혜가 아닐지 합니다.

종종 좋아하는 일을 업으로 삼으면 안 된다는 이야기를 듣습니다. 정말 좋아하는 일도 돈을 버는 수단이 되는 순간 그걸 더 이상 좋아할 수가 없대요. 고등학교 수학여행 때 여행이 너무 좋아서 가이드가 되었던 분과 잠시 이야기를 나누었던 적이 있었습니다. 왜 가이드가 되었는지 궁금했죠. 그때 그는 "여행이 좋으면 돈을 벌어서 여행을 다녀야지. 일하면서 하는 여행은 내가 생각했던 여행이 아니다."라고 말씀하셨어요. 어떤 의미인지 이해하고 공감합니다. 하지만 저는 여전히 좋아하는 일과 돈을 버는 일의 조화를 놓치고 싶지 않습니다. 좋아하는 일을 따라가도 먹고사는 데 큰 지장이 없거나 심지어는 오히려 더 잘 먹고 잘살 수 있다는 것을 증명해 보이고 싶기도 합니다. 그래서 요즘은 어떻게 하면 제가 좋아하는 일을 계속해서 좋아할 수 있을지 고민해요. 끝없이 생산성만 쫓으며 일하다가 지쳐 나가떨어지지 않도록 꾸준하게 일에 열정을 느낄 수 있는 방법을 찾고 있죠.

 이런 이야기를 꺼내면 "20대는 아직 미친 듯이 달려야 할 때다.", "다 시기란 것이 있는 거다.", "지금 아니면 늦다."와 같은 말을 듣고는 합니다. 더 빨리, 더 열심히, 더 많이 해내야 한다고 말하는 사회에 '왜?'라는 질문을 던지고 싶습니다. 왜 20대에 열심히 살아야 할까요? 건강한 노후를 위해서, 물론 좋은 이유죠. 하지만 너무 지나치게 열심히 하다가 노후에 기력이 남아있지 않으면 어떡하죠? 30대에 하고 싶은 일에 발목을 잡히지 않으려면 지금 뼈를 깎아야 해서, 이것도 일리가 있는 말입니다. 하지만 저는 '노력한 만큼 반드시 보상이 있을 거야.'라는 생각이 희망보다는 희생을 더 많이 낳는 것 같아요. 무엇을 하고 싶을지도 모르는 30대를 위해 20대를 송두리째 희생하고, 그렇게 희생했으니 반드시 희망찬 30대가 올 것으로 생각하는 것은 너무 맹목적인 것 같습니다. 노력과 보상을 인과관계로 묶어버리면 적절한 보상이 이루어지지 않을 때 문제가 일어납니다. '내가 이렇게 열심히 했는데 왜 더 열심히 안 한 저 사람이 내 자리를!'

과 같은 분노에서부터 '그래, 내가 노력을 충분히 안 했던 거야.'와 같은 '셀프가스라이팅'이 너무나도 쉽게 일어나죠.

노력과 보상을 분리할 수 있어야 하는데 우리 사회는 오랫동안 노력과 보상을 묶어서 생각했습니다. 사다리를 타고 열심히 올라가다 보면 정확히는 몰라도 언젠가 계층 이동은 보장되어 있다는 믿음이 있었죠. 그래서 공부도 열심히, 일도 열심히, 모든 걸 열심히 했던 겁니다. '열심히'의 가치가 없다는 의미가 아니라 먼 미래에 있을 수도, 없을 수도 있는 보상을 위해서 지금의 나를 희생하면 『꽃들에게 희망을』[2)]처럼 그 결말이 허망하지는 않을까 걱정스럽습니다. '이만큼 했으니 충분해.', '이번에는 잘 안됐지만, 다음에 더 좋은 기회가 있을 거야.'라는 순진해 보일 수도 있는 생각들이 저는 오히려 노력의 강박을 벗어날 수 있는 열쇠가 아닐지 싶어요. 노력했지만 안 되는 일도 있을 수 있고, 그것을 인정하는 것은 굴복하는 것이 아니라 '앞으로 나아가기'를 선택하는 일이라고 생각합니다.

지치지 않고 오래오래 내가 좋아하는 일들을 할 수 있으려면 현재와 미래 사이에서 줄다리기를 끊임없이 해야 하는 것 같습니다. 미래를 위해서 지금의 나를 전부 다 희생하지 않되, 미래의 나를 위해 지금의 나는 충분한 최선은 다해야 하니까요. 참 어려운 일입니다. 충분히 최선을 다하고 있되, 지금의 나도 행복하다는 것은 어떻게 알 수 있을지 많이 고민했어요. 제가 찾은 중간 결론은 작은 성공들을 자주 만드는 것입니다. 미래에 있을 한 방의 큰 성공보다는 작은 승리 Small win를 더 자주 만들어 나가는 거죠. 예를 들어 새로운 아이디

---

2) 꽃들에게 희망을. 트리나 폴러스. 김석희 역. 시공주니어. 2005

어를 냈는데 팀원의 반응이 좋았다면 그것도 작은 승리로 치는 거예요. 아직 실행하지 않았지만, 근사한 생각을 해낸 것도 충분한 승리니까요. 오늘 내가 좋아하는 일에서 아주 작지만 의미 있는 결과물을 얻고, 그것을 그냥 차곡차곡 쌓아나간다고 여유롭게 생각하기로 했습니다. 여유를 가진다고 해서 미래를 준비하지 않는 것은 아닌 것 같아요. 조급하지 않기 때문에 현재에 집중할 수 있고, 밀도 높은 지금의 시간은 분명 미래의 나에게도 의미 있고 도움이 될 것으로 생각합니다.

얼마나 빨리 가는지나 얼마나 많이 하는지에 집중하는 대신에 지금, 이 순간에서 기쁨과 의미를 찾고 있습니다. 그렇게 이 세상을 살아갈 나만의 이유를 만들어 나가고 있어요. 다른 사람과의 관계도 중요하지만, 무엇보다도 이 세상에서 가장 소중한 건 나 자신이니까요. 여러분도 여러분만의 나와 건강하게 오래오래 함께하는 방법들을 더 많이, 더 자주 생각해 보셨으면 합니다.

5장.
미네르바의 사람들

1장.
세상에 없던 대학,
미네르바

3장.
미네르바에서의 첫 해

6장.
미네르바가 알려준 것들

4장.
글로벌 고육 경험

2장.
꿈의 대학 선택

나는
미네르바 대학으로 간다.

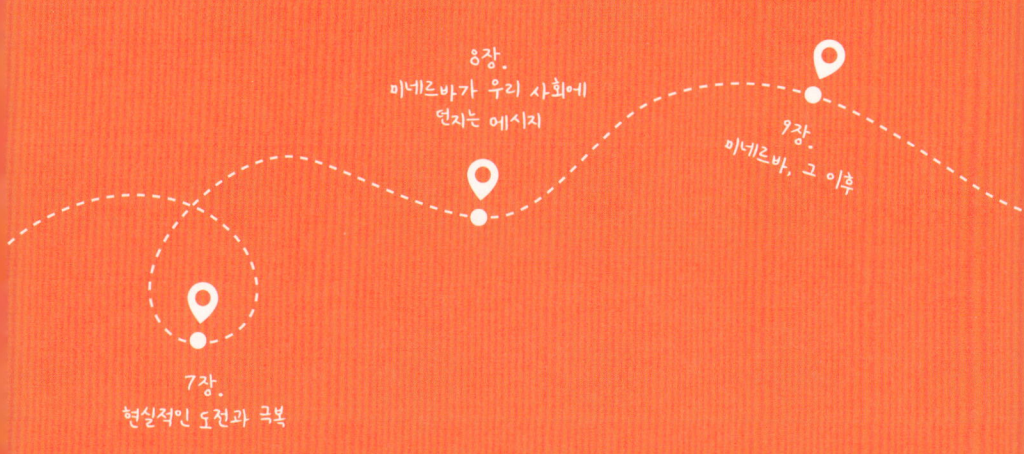

8장.
미네르바가 우리 사회에
던지는 메시지

9장.
미네르바, 그 이후

7장.
현실적인 도전과 극복

7장.
현실적인 도전과 극복

미네르바를 선택하기 전에

미네르바 대학은 보편적인 유학 생활과는 굉장히 다릅니다. 전 세계를 돌아다닌다는 개념이 아직 생소하고, 학교가 아이비리그나 서울대학교처럼 누가 들어도 아는 네임밸류는 아직 없으므로 이런 대화를 수백 번쯤 반복하게 됩니다.

"어느 학교 다녀요?"
"미네르바 대학이라고 전 세계 7개국을 4년 동안 돌아다니는 학교가 있는데요…."

한 백 번쯤 이런 대화를 하다 보면 '내가 정말 주류가 아닌 길을 택한 것이구나!'라는 생각이 듭니다. 그래서 그 선택이 바보처럼 느껴지지 않기 위해 항상 발을 동동 굴리며 이리 뛰고 저리 뛰면서 최선을 다해 살았습니다. 이런 모습들은 남에게는 쉬이 보여주려고 하지 않는데요, 그 뒤에는 사실 무수히 많은 어려움, 실패, 시행착오, 외로움 등이 있습니다. 미네르바에 들어온 지 얼마 되지 않았을 때는 정말 많은 분께 자신 있게 학교를 추천하며 자기가 정말 하고 싶은 일을 하라고 이야기했습니다. 하지만 이제는 자기가 꿈꾸는 인생을 살라고만 하기에는 무책임하다고 느껴져서 그 선택이 정말 힘드니까 각오하라는 말을 꼭 덧붙입니다. 남이 하는 걸 안 하고, 남이 안 하는 것을 하면 아주 불안하고 힘들 수밖에 없습니다. 보편, 보통, 평균의 삶을 벗어나는 것이니까요.

저는 여전히 미네르바를 선택한 것에 후회는 없습니다. 오히려 너무 다행이라고 생각합니다. 하지만, 만약에 누군가 이 정도로 힘들다고 귀띔해 줬다면 조금 더 각오를 단단히 하고 시작했을 것 같아요. 여러분 중에서도 미네르바 대학뿐만 아니라 무엇인가 보편적이지 않은 선택을 하려고 한다면, 마음을 단단히 먹고 시작하셨으면 좋겠습니다. 정말 힘든 순간에 조금이나마 덜 흔들릴 수 있도록요.

영어의 어려움과 극복 방법

앞서 '언어는 내 사고의 한계다.'라며 영어 공부의 중요성을 이야기했지만요, 한국에서 태어나 한국의 정규 교육 과정을 받은 사람이라면 영어로 수업을 받고, 영어로 일상을 살아내는 일은 정말이지 어려운 일입니다. 국제학교나 외고 출신, 혹은 해외 경험이 적어도 2년 이상이 되지 않는다면 고등학교에서 바로 해외 대학교로 넘어가는 것은 큰 도전임이 틀림없죠. 저도 그랬던 입장에서 어떻게 언어의 장벽을 넘을 수 있었는지 제 경험을 나누어 보려고 합니다.

미네르바 대학교는 입학 전에 사전 과제를 줍니다. 사전 평가 Preliminary Assessment 는 5월에 이루어지는 평가로 수학, 작문, 프로그래밍의 3가지 영역으로 구성되어 있습니다. 과제가 공지된 날을 기점으로 일주일 동안 해결해서 파일을 제출하는 형식이고, 이 시험에서 통과하지 못하면 8월에 한 번 더 기회가 주어집니다. 8월에도 통과하지 못하는 영역은 입학하고 난 뒤 동료 교사 Peer Tutor 가 진행하는 수업을 필수로 들어야 합니다. 신입생의 기초 역량을 강화하기 위해 과제와 평가를 내주는 건데요. 평가 결과는 체크 마이너스, 체크,

체크 플러스로 이루어집니다. 체크 마이너스는 '해당 영역에 대한 이해가 부족함', 체크는 '해당 영역을 이해하고 있으나 몇몇 미흡한 부분이 있음', 체크 플러스는 '해당 영역을 매우 잘 이해하고 있음'이라는 의미입니다. 즉, 체크 마이너스는 시험에 통과하지 못했다는 의미죠.

  영어로 모든 수업이 진행되는 미네르바에서 작문은 당연히 중요한 요소일 수밖에 없습니다. 당장 과제는 물론이고 프로젝트 보고서까지 모두 영어로 적어야 하므로 조리 있게 글을 쓸 수 있어야 하죠. 저는 지원 과정에서도 작문할 때 정말 많이 떨렸고, 이번 두 시험을 준비하면서도 가장 걱정을 많이 했습니다. 프로그래밍은 한 번도 배워본 적이 없기에 못하는 것이 어쩌면 당연한 영역인데, 작문은 영어를 오랜 기간 공부한 사람으로서 잘 써야 하는 것이 마땅하다고 생각했기 때문입니다. 하나의 글을 주고 400~500자의 에세이를 쓰는 것인데, 작가의 주장에 찬성, 반박 혹은 그사이의 어떤 견해를 취해도 됩니다. 5월 평가에서는 서평이 제시 글로 나왔는데, 동물권을 주제로 한 이야기였습니다. 이때는 사실 작가의 주장이 도대체 무엇인지를 파악할 수가 없었습니다. 당연히 제 에세이는 작가 주장에 대한 분석이 모자란 것에 더해 제 의견 또한 분명하지 않은 글이 되었습니다. 지금 돌아보면 5월 시험 당시에는 글을 읽고 논리적으로 분석하는 데에 서툴렀던 것 같아요. 결국, 5월에는 체크 마이너스를 받았습니다.

  6일부터 학교에서 제공한 자문 관련 자료를 하나하나 읽어보며 체계적으로 글을 쓰는 법을 익혔습니다. 글은 어떻게 읽어야 하는지, 주장 분석은 어떻게 접근해야 하는지, 서론에는 어떤 요소들이 필요한지, 본론에서 나의 논리를 어떻게 전개해 가야 하는지 등의 내용이었습니다. 지난번 에세이와 비교해 가면서 부족했던 부분이 무엇일지 고민했습니다. 하지만, 예시 에세이가 없어서 학습 자료에서 설명하고 있는 각 요소들이 실제 에세이에서는 어떻게 조화를 이루는지를 상상하기는 어려웠습니다. 7월에는 '연습 시험'이라고 해서 8월에 있을 시험을 앞두고 똑같은 채점 기준으로 평가 받을 기회가 있습니다. 다만, 이 시험에 통과한다고 하더라도 다음 시험에 대한 면제권이 생기는 것은 아닙니다. 실질적인 시험 결과에 반영되지 않는 모의시험이죠. 해당 시험에서는 환경 문제에 관한 토론회에 참가한 작가가 쓴 글이 제시글로 주어졌습니다. 그동안 연습한 부분들에 신경을 쓰면서 글을 쓰기도 했지만, 이번 글은 작가의 의도가 무엇인지 파악이 되어서 글 쓰는 것이 그렇게 어렵게 느끼지는 않았습니다. 그리고 다행스럽게도 체크를 받았습니다. 노력의 보상이 주어지니 늘 자신 없었던 영어 작문이 조금은 가깝게 느껴지기 시작했습니다.

   8월 본 시험에서는 '디지털 기기에 중독된 사회'가 주제글로 제시되었습니다. 내용 자체가 어렵지 않기도 했고, 연습 시험 이후로 샘플 에세이 두 개가 공개되어서 어떤 식의 글쓰기를 원하는지 감을 잡을 수 있었습니다. 그동안 써왔던 글과 우수 에세이, 학습 자료를 모두 조합해서 글을 쓰니 예전보다 훨씬 짧은 시간 동안 글을 마무리할 수 있었습니다. 하지만 여전히 글쓰기는 자신이 없었고, 에세이를 제출하고 나서도 불안했습니다. 며칠 전에 시험 결과를 알리는 이메일이 왔는데 제목을 보고 두 손에 땀이 났어요. 미네르바 스쿨의 입학 결과를 받았던 날과 비슷한 감정이었습니다. 그만큼 저에게는 불안한 영역이었고, 그래서 더욱 큰 노력을 쏟은 영역이었습니다. 떨리는 마음으로 메일을 클릭하니 체크 뒤에 마이너스가 없었습니다. 엄마가 놀라서 "엽아, 무슨 일이야? 왜 그러니?"라면서 방에 들어오실 정도로 크게 소리를 질렀습니다. 짜릿했어요.

여전히 영어가 완벽하지는 않습니다. 한국인이라 어쩔 수 없이 관사, 단수/복수 구분, 시제 구분 등의 자잘한 문법은 틀리기 일쑤고, 원하는 단어나 표현이 떠오르지 않는 일도 여전히 비일비재합니다. 그래서 여전히 영어를 공부해요. 최근까지만 해도 회사에서 지원하는 영어 교육 프로그램인 링글을 활용하여 1주일에 2번은 20분씩 원어민 선생님과 대화하고 교정을 받았어요. 영어로 이메일을 쓸 때도 굳이 ChatGPT를 한 번 돌려보고는 이 똑똑한 AI가 나의 문장을 어떻게 고쳐주었는지 점검합니다.

미네르바도 혁신 학교이기 전에 어찌 됐든 대학교이기 때문에 공부할 자료를 굳이 찾지 않아도 학교 차원에서 충분히 제공되었습니다. 고등학교 때와 달라진 점은 공부할 범위가 정해져 있지 않다 보니 얼마나 공부해야 잘 공부했는지를 가늠하기 어려웠다는 것 정도였죠. 사회생활을 시작하면서는 상황이 아주 많이 달라집니다. 이제는 배움의 재료를 스스로 구해야 합니다. 교육 시스템 속에 있을 때는 누군가 친절하게 장작을 주고, 학생은 그걸 패서 땔감으로 쓰면 되었다면, 그 시스템을 벗어나고 나면 땔감부터 알아서 구해와야 합니다. 그리고 좋은 땔감을 구해오는 역량 자체가 능력이 됩니다.

사실 배움의 재료는 찾는 만큼 구해집니다. 특히 정보와 콘텐츠가 넘치는 세상에 살고 있는 우리에게는 아주 유리한 상황이죠. 고등학생 때는 K-MOOC를 너무 재밌게 들었습니다. 대학교에 가야 만날 수 있는 교수님들이 전공 지식이 없어도 들을 수 있는 강의를 많이 오픈하셨거든요. 사회학에 관심은 있지만 실제로 어떤 것들을 배우는지 모르는 저에게는 사회학 입문 같은 강의들이 '전공 맛보기'와 같은 소중한 기회였습니다. 진로를 고민하고 계시는 분들이 있다면 전공 기초 강의를 찾아서 한 번 들어보시는 것도 좋을 것 같습니다. 막상 들어봤는데 생각보다 재미가 없거나, 별로 기대를 안 했는데 재밌는 것들이 있더라고요. 아주 간편하게 흥미를 가늠할 수 있을 겁니다.

미네르바의 입학 전 평가 항목 중 하나인 프로그래밍의 5월 사전 평가가 끝나고 나서는 데이터캠프Datacamp라는 사이트를 통해서 강좌들이 제공되었습니다. 프로그래밍의 'ㅍ' 자도 모르던 저도 천천히 따라갈 수 있었을 정도로 쉽게 풀어서 설명해 주어 좋았습니다. 5~6분 정도의 동영상 하나를 보고 나면 4~5개의 연습문제를 풀어야 합니다. 배운 것들을 바로 적용해 볼 수 있어서 유익했고, 틀렸을 때 바로 답을 보여주는 것이 아니라 힌트를 제공함으로써 학생 스스로 더 고민해 보도록 하는 것이 좋았습니다. 아주 기초부터 시작해서 차근차근 설명해 주었기 때문에 프로그래밍에 흥미를 붙이게 되었고, 데이터 과학이라는 전공에 관심이 생기기 시작했던 기억이 납니다.

이때, 저는 코딩을 배울 수 있는 플랫폼들이 많다는 것을 처음 알게 되었습니다. 프로그래밍은 제 관심 분야가 아니었기 때문에 어떻게 공부해야 할지조차 몰랐죠. 하지만 약간의 시간을 들여 검색해 보니 저렴한 수강료로 들을 수 있는 수업들이 많았습니다. 요즘은 내일배움카드와 같이 국가 차원에서 업무에 필요한 역량을 강화할 수 있도록 교육을 지원하기도 합니다. '없어서 못 배운다.' 혹은 '몰라서 못 배운다.'라는 주장은 이제 힘이 없습니다. 배우고자 하는 마음만 있다면 배울 수 있는 자료는 무궁무진합니다.

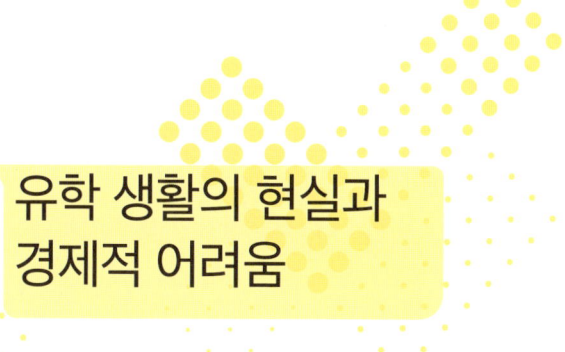

유학 생활의 현실과 경제적 어려움

　미네르바 대학에 가겠다는 것은 곧 유학 생활을 하겠다는 의미이기도 합니다. 학비가 기존 미국 대학교에 비해 저렴하다고 할지라도 여전히 한국 대학에 진학하는 것보다 더 비싼 것은 사실이죠. 더불어 비자 신청, 항공권, 기숙사 비용까지 더해지면 생활비를 제외하고도 큰돈이 필요합니다.

　샌프란시스코에서는 180명이 1개의 공용 주방을 쓰다 보니 요리하기도 쉽지 않습니다. 제가 1주일 내내 소분해 놓은 크림 파스타만 먹고 살았던 이유기도 하죠. 당시 제가 머물렀던 베를린 기숙사는 호스텔이어서 4개의 화구만 있는 아주 작은 주방이 전부였습니다. 3학년이라 직장 생활을 병행하면서 돈도 벌고 있었고, 방학 동안 아르바이트를 하며 모아둔 돈도 있었기 때문에 저는 기발한 선택을 합니다. 바로 전자레인지를 구매한 거예요. 5만 원 정도만 투자하면 웬만한 음식들을 데워먹을 수 있으니까요. 전자레인지만으로 할 수 있는 온갖 레시피를 섭렵하는 계기가 되었습니다.

안 그래도 공부하기도 힘든데 매일 똑같은 밥만 먹어야 한다면, 유학 생활이 우울하겠죠? 그래도 미네르바라는 대학에 왔는데 도시 경험을 풍성하게 해보는 것도 당연히 중요합니다. 미네르바에서 유럽 학기를 하는 동안 정말 알차게 다른 도시들로 여행을 다니고는 했습니다. 이왕 비싼 비행기를 타고 유럽에 왔으니 그 주변의 나라들에 가볼 기회는 다시 오지 않을 것 같았거든요. 이런 제 모습을 SNS를 통해서만 접하신 분들은 '부잣집 딸내미라 저렇게 여행도 하지.'라고 생각하실 수 있을 것 같습니다. 그랬으면 정말 좋았을 텐데 안타깝게도 저희 집에서 그런 지원을 기대할 수는 없어서 최대한 저렴한 여행을 계획해야 했습니다. 우선 저는 학기 중에도 원격으로 회사 생활을 병행하고 있었기 때문에 월급을 또박또박 받고 있었어요. 더불어 미네르바의 시스템도 제 재정 상황에 중요한 도움을 주었습니다.

미네르바 대학은 학생의 학업능력과 상관없이 경제적 상황에만 초점을 두고 재정지원을 하는 시스템을 채택합니다. 재정지원은 꼭 필요에 따라 이루어져야 한다는 철학이 기반인데요, 성적이 우수해서 받는 장학금이 없기에 학교 내의 불필요한 경쟁을 제거함과 동시에 온전하게 친구를 동반 성장을 위한 동료로 여길 수 있는 환경을 만들어 준다고 생각합니다.

미네르바의 근로 장학의 종류는 정말 다양한데요, 참고하기 좋은 시스템이라 생각해 간략하게나마 소개해 드리고 싶습니다.

입학 과정을 돕는 사람들,
_____ Admission Processor

제가 소속되었던 팀이자, 미네르바 스쿨 학내 인턴 중 가장 큰 규모를 가진 팀입니다. 가장 많은 보안 사항을 준수해야 하는 인턴인데요, 입학 관련 업무를 다루기 때문입니다. 매년 엄청난 지원서가 쏟아지기 때문에 일차적으로 서류를 검토할 인력이 필요합니다. 학생들이 무엇인가를 평가하는 것은 아니고, 정해진 틀을 따라 체크리스트를 채워나갑니다. 정리된 자료를 바탕으로 입학사정관이 최종 결정을 하게 되는 것이죠. 한국 대학 시스템에 비유하자면, 논술 전형에서 교수들이 채점을 하기 전에 학생 조교들이 미리 서류를 정리하는 작업과 유사한 맥락입니다.

친구들의 공부를 돕는 든든한 지원군,
_____ Peer Tutor

작문 실력과 코딩 능력은 미네르바 스쿨에서 가장 기본적인 역량입니다. 이를 위해서 입학 직전 여름방학에 학습 자료와 과제를 줬는데, 이때 충분하게 내용을 숙지하지 못한 학생들에게 보충 학습 시간 SSS, Structured Study Session을 부여합니다. 일주일에 한 번, 1시간씩 반드시 참여해야 하는 보충 학습인데 이 학습을 도와주는 학생 인턴을 동료 교사라고 부릅니다. 참여하는 학생의 입장에서는 일주일에 한 번이지만, 튜터들의 경우에는 3개의 시간대로 나누어진 소그룹을 가르칩니다. 일주일에 몇 번씩 특정 시간 동안 오피스아워를 운영해서, 학생들이 자유롭게 와서 질문을 하고 궁금했던 점을 해결할 수 있는 시간을 만들어 줍니다. 저도 코딩 세션에 참여했었는데, 정말 뛰어난 실력을 갖춘 친구들로부터 언제든 차근차근 원리부터 배울 수 있다는 점이 정말 훌륭한 시스템이었습니다. 물론, 적극적으로 친구들의 배움을 도와주려는 튜터들의 태도와 열정이 가장 멋있었고요.

교과 외 활동을 지원하는 사람들, _____ SXP Intern

미네르바의 교외 체험학습인 코커리큘러와 텐오원 10:01, 미네르바 토크 Minerva Talk 와 같은 공식적인 행사의 전반을 관리하는 팀입니다. 보통은 두 명의 인턴으로 구성되고 있으며 매번 행사가 있을 때마다 미리 공지해 주고, 행사가 마무리되고 나면 관련 설문조사를 보내는 일을 하고 있습니다. 학교에서 마련하는 교과 외의 활동은 대부분 이 팀에서 담당한다고 보시면 될 것 같습니다.

기숙사 건물 관리를 보조하는 사람들,
Building Assistance

　기숙사 건물 내에 기물 파손 등의 문제가 발생하면 이 팀의 인턴들이 중간 역할을 해줍니다. 방의 불이 나가거나, 책상이 고장 났다면 일단 온라인상에서 문제를 신고합니다. 이후에 관리자가 서류를 확인하면 이 팀의 인턴들이 학생과 관리자 사이의 중간 역할을 해서 새 물품을 전달해 주는 등의 일을 합니다. 이런저런 사소한 고장이 잦은 생활에서 사소하지만, 중요한 역할을 맡고 있는 팀입니다.

수업 중 기술 문제를 해결하는 사람들,
Tech Support

　미네르바 대학의 수업은 모두 포럼이라는 자체 앱에서 이루어집니다. 온라인으로 강의를 듣다 보면 아무래도 기술적인 문제들이 발생할 수밖에 없습니다. 아주 간단하게 인터넷 연결 문제부터 시작해서 수업 도중 파일이 열리지 않는다거나, 포럼의 오작동으로 단체로 연결이 끊어져 버린다거나 하는 일이 발생하면 기술 지원팀은 몹시 바빠집니다. 포럼 앱상의 기술지원이라는 코너가 따로 마련되어 있고, 수업 중에 발생하는 기술 문제들에 대해서 실시간 채팅으로 답변을 받을 수 있습니다. 4개의 학년이 모두 다른 시간대에 있어서 1학년 수업에는 다른 학년 기술 지원팀이 담당하고, 서로의 수업 시간에 겹치지 않게 다른 수업을 담당할 수 있도록 촘촘하게 시간표가 구성되고 있습니다.

기숙사 생활 전반을 이끄는 사람들, Resident Assistance(RA)

단체 생활을 하면 중요한 것 중 하나가 정보를 빠르고 정확하게 전달하는 것입니다. 보통의 학교에서는 사감이라는 직책을 따로 두는데요, 미네르바 스쿨에서는 이 역할도 학생들에게 맡깁니다. 기숙사 생활에 관한 모든 정보는 RA로부터 나오고, 또 모입니다. 한 예로, 정숙 시간 Quiet hour 라고 해서 월요일부터 목요일 밤과 일요일 밤 11시 이후, 금요일과 토요일 밤 12시 이후에는 각 층의 공용 방, 로비를 제외한 공간에서는 조용한 분위기를 유지하도록 하는 규칙이 있습니다. 각기 다른 수면 패턴을 고려해서, 일찍 잠드는 학생들을 배려하기 위해 시작된 나름의 공동체 수칙이죠. 이 시간에 누군가 복도에서 너무 시끄럽게 떠드는데 직접 말하기 꺼려지면, RA에게 공식적으로 문제를 제기하면 됩니다. 이뿐만 아니라 기숙사 방 열쇠 분실과 같은 사소한 일에서부터 한 달에 한 번 있는 사생 자치 회의를 이끄는 일까지 이 친구들이 담당하고 있죠. 다양한 배경의 사람들이 단일한 공간에서 아름답게 공존할 수 있도록 가장 애를 쓰는 팀입니다.

미네르바 본부를 지원하는 사람들,
_____ Headquarter Intern

샌프란시스코에는 미네르바 스쿨/미네르바 프로젝트의 본부 Headquarter가 있습니다. 이 본부에서 필요로 하는 서류 작업을 주로 담당하는 인턴입니다. 가장 흔하게 하는 일은, 필요한 물품을 구매하고 정리하는 것, 개인 노트북에 문제가 생겨 대체 노트북이 필요한 친구들의 서류 작업을 도와주고 보관하는 것 등 학교 본부에서 담당하는 가장 기초적인 부분들에 힘을 실어주는 주축이 되고 있습니다.

미네르바의 재정 관리를 돕는 사람들,
_____ Financial Team

회계팀의 조수 격이라고 보면 좋을 것 같습니다. 미네르바라는 이름 아래에 미네르바 스쿨과 미네르바 프로젝트가 있는데요, 여기에 운용되는 모든 재정적인 부분들을 관리하고, 정리하는 부서에서 보조 역할을 하는 학내 인턴입니다. 회계를 다루는 일을 배운 적이 있냐고 해당 팀에 소속되어 있는 친구에게 질문을 던졌는데, 이전까지 한 번도 경험해 보지 못한 일이라고 합니다. 학내 인턴을 배정하기 위한 설문조사를 할 때, 엑셀과 비즈니스, 경영 분야의 능력을 개발하고 싶다고 했는데 자신에게 잘 맞는 자리를 받은 것 같다는 말도 덧붙였습니다. 사전 지식이 없는 학생들을 위해 강의를 보고 공부할 수 있도록 미네르바 스쿨에서 직업 훈련 기간을 따로 두고 있으므로 큰 어려움 없이 체계적으로 일을 해나갈 수 있습니다.

미네르바 대학의 근로장학 제도는 학교와 학생에게 모두 이득이 되는 환상적인 궁합이라고 생각합니다. 학교로서는 굳이 많은 보수를 주지 않고 학생들을 활용할 수 있고, 학생들의 입장에서는 지금 가지고 있는 지식과 경력에 비해 많은 보수를 받고, 특정 기술 등을 배우고 키워나갈 기회가 제공되는 것이니까요. 회계면 회계, 입학처 소속이라면 잠재적으로는 인사관리, 기술이면 기술과 같이 원래 가지고 있었던 능력치를 개발할 수도 있고, 아예 몰랐던 분야에 대해 알아가는 기회가 될 수도 있습니다. 더욱 다양한 형태의 근로 기회를 제공함으로써 학교와 학생 모두 누이 좋고 매부 좋을 수 있는 구조에 대해 한국 사회에 중요한 메시지를 주는 것 같습니다.

이렇게 야금야금 모은 돈으로 유럽 여행을 다닐 때 저는 에어비앤비와 플릭스 버스(Flix bus)를 정말 많이 이용했습니다. 보통 한국에서 유럽으로 해외여행을 올 때는 촘촘하게 계획해서 오기 때문에 불편한 교통을 이용하는 경우가 조금 드물지만, 저는 관광지를 보러 가는 것보다는 다른 곳에 가보는 것 그 자체가 목표였습니다. 다른 나라의 길 위에서 걸어보는 것, 우연히 걷다가 맛있는 냄새를 풍기는 빵집에 들어가서 끌리는 빵을 사 먹어 보는 것과 같이 누군가의 경험을 따라 하지 않고 나만 할 수 있는 우연한 발견이 더 가치 있다고 생각했어요.

여기서부터 경비의 차이가 발생하기 시작합니다. 관광지와 그 주변의 근사한 식당은 제게 우선순위가 별로 높지 않다 보니 비싼 입장료와 식비를 피할 수 있었죠. 플릭스 버스는 유럽의 주요 도시들을 연결하는 버스입니다. 한국의 시외버스나 고속버스와 비슷한데 다만 훨씬 많은 나라들이 엮여있는 것이죠. 국경의 개념이 흐릿한 유럽

이기에 가능한 구조입니다. 그렇다 보니 9시간씩 버스를 타야 하는 코스가 많고 당연히 화장실도 버스 안에 있어요. 화장실 쪽 자리에 배정받으면 장시간 아주 곤욕스럽습니다. 시간과 숙박비를 아끼고자 밤 버스를 많이 타다 보니 버스 안에서 쪽잠을 자야 하고요. 아주 불편하지만 가장 저렴하고, 현지인들과 가장 많이 마주칠 수 있는 선택지였습니다.

이런 여행을 하다 보면 정말 많은 이야깃거리가 생깁니다. 보통의 관광객이라면 경험하지 않는 기가 막힌 일들도요. 코펜하겐으로 넘어가는 밤 버스에서 일어난 일입니다. 갑자기 모두 차에서 내리라고 하는 게 아니겠어요? 배를 타야 한답니다. 바다를 건너가는 동안 버스는 배의 차량 칸에 실리고, 승객들은 모두 배에 타야 하는 거였어요. 영문을 모르던 저는 폰과 지갑만 들고 내렸죠. 갑판에 나가보니 칠흑 같은 어둠뿐이었고, 밤바다를 보고 있자니 빨려들 것 같아서 다시 내려와 배 안에 무엇이 있나 구경하고 있었습니다. 이리저리 돌아보다 정신을 차려보니 배에 아무도 없더라고요. 뭔가 잘못되었다는 마음에 다시 버스에서 내렸던 곳으로 가려고 하는데 어디에서 내렸는지, 거기까지 어떻게 가는지를 전혀 모르겠더군요.

그때 한 여자가 "혹시 어디로 나가야 하는지 아냐?"라며 말을 걸었습니다. 남자친구와 같이 내렸는데 다들 나간 것 같다면서요. 두리번두리번하고 있으니, 배에 있던 안내원이 "다들 나갔는데 왜 여기 아직도 있어? 버스도 이미 다 하선했는데, 얼른 뛰어가야 할 것 같은데?"라고 하는 겁니다. 그때야 저는 이 배에 우리 셋만 남았다는 사실을 알게 되었습니다. 낯선 커플과 저는 일단 출구를 찾아 뛰기 시작했어요. 이들을 따라 뛰다 보니 버스는 이미 모두 빠져나간 상태더라고요. 여자친구는 이미 눈물이 그렁그렁 맺혀있었고, 남자친구는 가방을 저희에게 맡겨 두면서 내가 뛸 테니 뒤따라오라고 합니다. 그렇게 새벽 4시에 때아닌 경주가 펼쳐집니다. 한 10분, 15분을 뛰었을까요? 저기 개구리 빛 초록 버스가 하나 보이는 게 아니겠어요? 아, 제가 탔던 그 버스의 기사님이 밖에 있었습니다. 땀에 흠뻑 젖어 헉헉거리며 2층의 제자리로 돌아갔더니 옆자리 아저씨 둘이 말을 겁니다.

  아저씨 1: 아니, 어디 갔었어?
  지엽: 아니 그러니까요. 정신 차리니까 아무도 없더라고요?
  아저씨 2: 우리가 버스 기사한테 옆자리 아시안 아가씨 없다고
    말했잖아~ 우리 덕분에 버스 탄 거야(찡긋).
  지엽: 오 세상에. 정말 고맙습니다.

 버스 기사님이 인원 체크를 하기 때문에 아저씨 두 분 덕분에 버스를 다시 탄 건 아닐 테지만 그 마음이 너무 감사했습니다. 옆자리 아시안 여학생이 하나 없다고 말씀을 해준 것부터, 다른 승객들도 제가 자리에 돌아오니 고생 많았다며 손뼉을 쳤거든요. 당시에는 덴마크 한복판에 홀로 남게 되는 건 아닌지 식은땀이 줄줄 흘렀는데 돌아보면 이런 추억이 또 없습니다.
 돈이 없으면 여행하지 못하는 게 아니라는 것을 저는 유럽 여행을 통해 배웠습니다. 제가 모아놓은 돈, 벌 돈을 긁어모아 그 예산 내에서 할 수 있는 여행을 계획하면 되는 것이더라고요. 좀 가난하게 이리 뛰고 저리 뛰며 소란스럽게 여행하면 뭐 어떤가요. 돈은 없지만

시간은 많은 대학생, 특히 미네르반이기 때문에 조금 더 쉽게 도전해 볼 수 있는 신선한 유학 생활이기도 합니다.

  저처럼 여기저기 돌아다니지 않더라도 미네르반들은 주말이나 방학을 이용해 도시 근교 여행을 종종 하고는 합니다. 다 같이 숙소를 잡고, 요리하면 생각보다 여행 비용이 얼마 들지 않거든요. 5성급 호텔에서의 호화로운 여행이 아닐지라도 마음 맞는 친구들과 복작복작 여행을 다녀보시는 것도 미네르바 여정 속에서 꼭 도전해 보셨으면 좋겠어요.

치안 문제와 적응 과정

샌프란시스코에서 1학년 1학기가 시작된 지 한 달 정도 지난 10월의 어느 주말이었어요. 근로장학금이 들어온 날이라 통장 계좌가 두둑은 아니고, 약간 볼록해졌지요. 적응하느라 고생했다며 스스로 맛있는 브런치를 선물해야겠다는 생각에 1시간을 걸어 한적한 카페에서 그다음 날까지 제출해야 하는 코딩 과제를 하고 있었습니다.

4시간 정도 지나서 과제는 거의 마무리되었고, '아, 이것만 하고 화장실 갔다가 기숙사로 돌아가서 마저 해야지.'라고 생각한 찰나 제 옆에 키 큰 남성이 서 있었습니다. '뭐지?' 하는 순간 눈앞이 번쩍 했어요. 제가 쓰고 있던 노트북을 충전기 채로 채간 것이었습니다. 태어나서 한 번도 "도둑이야!"라고 외쳐본 적이 없던 저는 무슨 말로 도움을 요청해야 할지조차 몰라 무작정 그를 뒤쫓아 갔습니다. 이 도둑은 카페 뒤의 큰 도로에 서 있는 차를 타고 유유히 떠났죠.

911에 전화했습니다. 위치가 어디인지 이야기하라고 하더군요. 오늘 처음 가본 카페의 주소까지 외우고 있을 리가 없었죠. 덜덜 떨리는 손으로 검색하는데 자꾸만 오타는 나고, 말도 제대로 할 수 없을 정도로 온몸이 떨려왔습니다. 경찰이 와서 '무슨 옷을 입었냐.', '어떻게 생겼냐.', '차의 색은 무엇이냐.', '차에 문이 몇 개 있었냐.'를 물어보는데 너무 찰나의 순간이라 제대로 보지도 못했고, 진술하면 할수록 기억이 불확실해지더라고요. 사건 접수증을 끊어주고 경찰은 떠났고, 저는 여전히 덜덜 떨며 친한 한국 친구인 섭이에게 나를 데려와 줄 수 있냐고 전화했습니다.

지금에 와서는 "미국 경찰이 준 사건 접수증을 기념품으로 받아오다니, 대박이지 않아?"라며 안줏거리로 웃으며 농담할 수 있지만, 그 당시에는 충격과 공포에 빠져있었습니다. 한동안 거리에 귀중품은 전혀 들고 나가지 않았고, 장을 보러 나가야 할 때면 온몸이 굳은 상태로 걸어 다녔어요. 제 뒤에서 누가 걸어오기라도 하면 소스라치게 놀랐고, 늘 앞과 옆에 누가 지나다니나 인상착의를 확인하며 완전 경계 모드로 지냈습니다. 아직도 트라우마가 남아 제 옆으로 누군가 달려 지나가면 화들짝 놀라고는 합니다.

입학을 기념으로 제가 학원에서 아르바이트하며 미국에 오기 직전에 모은 돈으로 산 노트북인지라 애착이 컸는데 결국 노트북은 찾지 못했어요. 엎친 데 덮친 격으로 코딩 과제는 온라인으로 작업을 할 수가 없고 컴퓨터에 저장해야 하다 보니 종일 작업한 과제도 다 날아갔어요. 학교에서 며칠 노트북을 대여해서 사용하는 동안 부모님께 도움을 구해 급하게 노트북을 새로 구매했습니다. 적은 돈이 아니라 너무 죄송한 마음에 어떻게 말해야 할지 했는데 "다치지 않았으면 됐다. 그걸로 됐다."라고, 말씀해 주시는 부모님이 계셔서 참 다행이었죠.

이 이야기는 안타깝게도 여기서 끝나지 않습니다. 베를린에서 친구와 함께 도너 Döner를 사 먹고 있던 어느 날, 자전거를 타고 지나가던 남성이 제게 침을 뱉더라고요. 제 얼굴 바로 아래 테이블에 떨어져서 그나마 다행이라며 마음을 추스른 그다음 날에는 길거리를 지나가던 고등학생으로 보이는 무리가 제 영어를 따라 하며 조롱하는 게 아니겠어요? 며칠 뒤에는 한 어린아이가 저를 보더니 "칭챙총"이라는 말을 내뱉고 지나갔습니다. 베를린에서 유독 힘겨운 학기를 보냈던 것은 학기 초반부터 사람들에게 상처를 많이 받았기 때문이지 않을까 싶기도 합니다.

이렇듯 해외에서 생활하다 보면 내가 원치 않아도 마음이 무너지는 일들이 생깁니다. 다행스럽게도 제가 크게 다치는 일은 일어나지 않았지만요. "미네르바를 졸업했는데 왜 한국에서 살아요?"라는 질문을 자주 받습니다. 한국에 가족과 친구들이 있고, 영어를 잘하는 것은 한국에서는 강점이지만 해외에서는 약점이라는 현실적인 이유의 뒤편에는 조금 더 솔직한 이유도 있습니다. 한국이 그래도 정말 안전해서요. 거리를 다니면서 누군가가 나를 해치지 않을까, 나의 생김새로 차별하고 모욕주지 않을까 걱정하지 않아도 되어서요.

그런데도 미네르바에 오겠다는 것은 저의 선택이었으니, 그로 인해 일어나는 일들도 제가 견뎌내고 해결해야 하는 문제라고 생각합니다. 치안 문제는 미네르바의 문제는 아닙니다. 해외에서 유학 생활 혹은 직장 생활을 하는 사람이라면 한 번쯤은 마주하게 될 거예요. 다만 한 곳에서 4년을 생활하면서 시간이 지나며 차츰 가지게 되는 안정감을 학기마다 돌아다녀야 하는 미네르바 대학교에서는 가지기 한층 어려워진다는 차이점 정도가 있을 뿐입니다. 해외에서 대학에 다니며 세계인들과 소통하고 더 넓은 세상을 볼 수 있는 것은 사실입니다. 하지만 그 '더 넓은 세상'에는 내가 한 번도 경험해 보지 못한, 원치 않았던, 불쾌하고 불편한 일들이 일어나는 세상도 포함된다는 점을 생각해 보셨으면 합니다. 내가 정말 유학을 시작할 마음의 준비가 되었는지를 판단하는 데 중요한 지표가 되어줄 거예요.

5장.
미네르바의 사람들

1장.
세상에 없던 대학,
미네르바

3장.
미네르바에서의 첫 해

6장.
미네르바가 알려준 것들

4장.
글로벌 교육 경험

2장.
꿈의 대학 선택

나는
미네르바 대학으로 간다.

7장.
현실적인 도전과 극복

8장.
미네르바가 우리 사회에
던지는 메시지

9장.
미네르바, 그 이후

8장.
미네르바가
우리 사회에 던지는
메시지

기술 이전에 철학

    혁신 교육에 대한 다양한 의견이 있지만, 저는 개인적으로 큰 시스템을 한꺼번에 바꾸는 것보다 작은 시도들이 많아졌으면 좋겠습니다. 예를 들면 "미네르바식 교육이 한국에서도 가능할까요?"라는 질문을 쪼개어 보면 "미네르바식 교육을 우리 학교의 특정 학부로 신설하면 어떨까요?"라는 작은 제안이 가능해지는 것처럼요. 미네르바가 미래 교육의 정답이라고는 말할 수 없습니다. 여전히 신생 학교고, 해결해야 하는 문제들도 많습니다. 그러므로 미네르바 대학이 우리 교육 정서나 교육 환경에 맞는지 테스트해 가며 천천히 수정하여 적용하는 과정이 필요합니다.

    미네르바 대학이 특별한 이유는 어떤 혁신적인 기술을 도입했기 때문이 아닙니다. '무엇을 가르칠 것인가?'라는 질문에 '여러 학문을 넘나들며 적용될 수 있도록 개념을 잘게 쪼개 HC와 LO를 중점으로 가르치겠다.'라는 답을 한 것입니다. 또, '어떻게 가르칠 것인가?'라는 질문에 '캠퍼스를 만드는데 투자하는 대신 학생들이 다양한 도시에서 글로벌한 경험을 할 수 있도록 유연한 가상의 캠퍼스를 만들고, 온라인 실시간 수업으로 진행해 보겠다.'라는 답을 내놓은 것이죠. '어떻게 평가할 것인가?'라는 질문에 'HC와 LO를 학생이 얼마나 잘 이해하고 자신의 의견을 뒷받침하는 데 적절히 사용했는가를 위주로 보겠다.'라는 나름의 해결책을 만든 것입니다. 실제로 미네르바 대학에서 사용하는 기술 중에 특별히 새로운 것은 없어요. 포럼이라는 온라인 수업 공간도 줌과 큰 차이가 없고, 학생들끼리 사용하는 게시판도 네이버 카페와 거의 같습니다. 이런 기술들은 그저 미네르바가 내놓은 답을 구현하기 위해, 필요한 도구였을 뿐이죠.

특히 한국 사회에서 바로 적용해 볼 수 있을 만한 것은 오피스아워입니다. 교수와 학생이 친밀해지는 시간인데요. 한국에서는 질문이 있으면 수업 직후에 질문을 하거나 쉬는 시간에 교무실을 찾아가 따로 질문을 해야 했어요. 물론 수업 중에도 질문을 할 수 있지만, 많은 사람들 앞에서 질문을 하는 것 자체가 부담스러울 수 있습니다. 더군다나 수업을 마치는 시간이 늦어진다며 따가운 눈총을 받을 때도 있고요. 오피스아워는 그 자체로 특별한 것은 아니고, 특정 일자의 특정 시간에 선생님이 온라인 미팅룸을 하나 열어두고 아무나 들어와서 어떤 질문이든 하라는 목적의 시간입니다. 수업 시간에는 할 수 없었던 아주 사소한 질문, 선생님의 연구 내용이나 경력, 진로 상담 등 자유롭게 이야기할 수 있거든요. 오피스아워 시간에 맞춰 온 학생들은 질문을 하려고 모인 학생인 만큼 서로의 앞에서 질문하기가 훨씬 편해집니다. 진도 때문에 미처 수업 중에는 논의하지 못했던 토론도 가능하고요.

컴퓨터 보급률과 인터넷 환경이 우수한 한국 환경에서 지금 당장 적용해 보아도 좋을 만한 요소라고 생각합니다. 이렇게 질문할 수 있는 시간을 의도적으로 늘려가다 보면 모르는 걸 묻고, 설령 틀릴지언

정 자신의 의견을 소리 내는 학생들이 조금씩 늘어나지 않을까 생각합니다. 시간이 어느 정도 흐르고 나면, 그런 점진적인 변화가 하나의 문화가 되는 것이겠지요.

질문하는 사람

미네르바에서 배운 가장 가치 있는 태도 중 하나는 질문하는 태도입니다. 미네르바의 수업 구조는 온통 질문으로 가득합니다. 수업 준비로 읽어야 하는 자료에서도 교수자는 종종 질문을 던집니다. 수업에 참여하면 10분 내로 시작 질문이 시작되어 읽은 내용에 관한 질문에 대답해야 합니다. 수업 내내 당연히 질문과 답변이 오가고, 이때 교수자에게만 질문하는 것이 아니라 교수자가 학습자에게, 학습자가 학습자에게, 학습자가 교수자에게 질문하고 대답합니다. 수업이 종료되기 직전에는 마무리 질문을 던지며 끝까지 질문하기를 멈추지 않습니다. 이렇게 질문이 넘치는 4년을 보내고 나면 질문하기를 두려워하지 않는 사람으로 성장하게 됩니다. 질문하기를 불편해하지 않는다면 일단 절반은 성공했다고 생각합니다. "질문 있으면 해주세요."라는 말은 학교에서도 직장에서도 늘 듣는 말이죠.

그렇다고 아무 말이나 하라는 뜻은 절대 아닐 겁니다. 분명히 검색만 하면 찾을 수 있는 정보인데도 굳이 옆 사람에게 묻는 사람을 가리켜 '핑거프린세스'라고 합니다. 즉, 질문이라고 해서 무조건 다 좋은 질문은 아니라는 거죠. 그렇다면 그다음 걸음은 좋은 질문이란 무엇인가에 대해 생각해 보는 것이 됩니다.

몇 가지 대화를 예시로 보면 조금 더 잘 와닿을 것 같습니다.

사원 1_ 지엽님, 이 자료 올해 나온 거 맞나요?
지엽_ 아니요. 작년에 나온 겁니다.

이 대화에는 질문이 있지만 답도 정해져 있습니다. 올해 나온 게 맞는지, 아닌지 답이 정해져 있죠. 나쁜 질문이라기보다는 크게 인사이트를 줄 수 있는 질문이 아닙니다. 확인을 위해 필요한 질문이었을 수는 있지만 이 질문을 해결하기 위한 다른 방법들도 많았을 것 같습니다. 굳이 지엽이 대답을 하지 않아도 됐거나, 검색하면 금방 찾을 수 있거나, 심지어는 자료 안에 출간 연도가 적혀있을 수도 있겠지요. 그러니까 우리가 이야기하고자 하는 좋은 질문과는 조금 거리가 있어 보이네요. 기본적으로 좋은 질문은 답이 정해져 있는 질문보다는 생각을 묻는 질문이어야 합니다.

사원 1_ 지엽님, 이 자료에 대해서 어떻게 생각하세요?
지엽_ 어떤 걸 어떻게 생각하냐는 말씀이죠?

아까보다는 나아진 질문 같습니다. 지엽에게 지엽의 생각을 물었다는 점에서 사원 1은 아까보다 좋은 질문을 던지고 있어요. 하지만 지엽의 반응이 썩 좋지 않네요. 왜 그럴까요? 너무 큰 범위에서 질문을 했기 때문입니다. 예를 들어서 여러분께 "이 책에 대해 어떻게 생각하세요?"라고, 묻는다고 상상해 봅시다. 표지의 디자인에 관해 묻는 걸까요? 지엽의 필력일까요? 이 책이 던지는 핵심 메시지가 뭔지 묻는 걸까요? 너무 많은 질문이 하나의 질문에 묶여있습니다. 이런 질문의 경우에는 질문을 받는 사람이 좋은 답을 주기 어렵습니다. 즉, 좋은 질문이란, 더 나아가서 '구체적인' 생각을 묻는 말이어야 합니다.

> **사원1** 지엽님, 이 자료를 읽어보니 내년부터는 저희 제품에 규제 문제가 있을 것 같은데 어떻게 대비해야 할까요?
>
> **지엽** 우선 저희 제품에 적용될 수 있는 규제 문제들 정리해 주시고, 대비책 몇 가지도 제안해 주세요. 그 후에 같이 논의해 보면 좋겠습니다.

우선 사원 1이 아주 많이 성장했네요. 구체적인 질문을 하기 시작했습니다. 이 정도만 해도 썩 괜찮은 질문이기는 합니다. 지엽이 사원 1에 특정한 행동을 요구할 수도 있게 되었고, 사원 1이 자료를 준비해 오는 동안 지엽도 이 상황에 대해 고민해 보겠죠. 하지만 저는 더 개선할 여지가 보입니다.

> **사원1** 제가 이 자료를 읽어보니까 미국에서 새로운 규제를 발표할 예정이라는데 저희 제품 X와 제품 Z에 적용되어 부정적인 영향을 미칠 것 같아요. 우선은 규제를 피할 방법으로 A를 생각해 봤는데, 이 정도로 충분할까요? 혹은 다른 방법이 더 있을까요?
>
> **지연** 오, 그러네요. 조금 까다로운 상황이 될 수 있을 것 같아요. A도 좋은데 혹시 규제를 피할 수 없을 때 적용할 방법도 한번 같이 생각해 봅시다.

이것이 바로 좋은 질문이라고 생각합니다. 질문한 사람은 그동안 무엇을 읽고, 어디까지 생각해 봤는데 막히는 부분에 대해서 정확한 행동을 요구하고 있습니다. 이 정도로 충분한지 혹은 다른 방법이 있는지를 물어보는 거죠. 이 질문을 받은 지엽은 충분하기는 한데 혹시 모를 상황에 대비할 새로운 방법도 고안해 보자고 제안합니다. 한 번의 질문으로, 묻는 사람도 대답하는 사람도 그다음에 무엇을 생각해야 할지 일치된 생각을 공유할 수 있게 된 것입니다.

좋은 질문이란 생각을 묻되, 구체적인 질문이어야 하고 더 나아가 질문자가 그간 생각해 본 것들을 공유하고 정확한 요구사항을 질문해야 합니다. 내 생각의 방향성이 맞는지, 더 좋은 생각은 없는지, 이 질문에 대답할 수 있을 만한 다른 사람은 없는지 등을 요구할 수 있는 거죠. 질문을 통해 묻는 사람도, 대답하는 사람도 함께 성장할 수 있다면 더할 나위 없이 훌륭한 질문일 겁니다. 그러기 위해서는 상대가 생각해 보지 못했던 부분, 오류 가능성이 있는 부분에 대해 뾰족하게 질문할 줄 알아야 합니다. 이 대화의 과정에서 이해가 제대로 되지 않는 부분이 있다면 정확히 어떤 부분이 모호하거나 이해가 안 되는지 소통할 수 있어야 하죠. 결국 좋은 질문을 한다는 것은 내가 무엇을 알거나 모르는지 분명하게 알고 있을 때 비로소 가능합니다. 그러니 아무것도 모르는 상황에서는 질문보다는 공부를 해야 합니다. 혹은 어떤 공부를 해야 하는지를 질문해 볼 수는 있겠네요.

회사 생활에서 질문과 삶에서 질문은 크게 다르지 않다고 생각합니다. 어떤 삶을 살고 싶은지, 내 삶에서는 어떤 가치들이 중요한지와 같은 중요하고 큰 질문들은 훨씬 구체적으로 쪼갤 수 있습니다. 그렇게 쪼개진 작은 질문마다 대답을 줄 수 있는 답변자가 다를 것이고요. 그렇게 작은 퍼즐 조각들을 하나하나 모아가다 보면 언젠가는 거대한 질문에 대한 나만의 답을 찾을 수 있을 것으로 생각합니다.

문제 해결사로 사는 삶

　우리가 흔히 사용하는 단어, 스킬 Skill 은 하드 스킬 Hard skill 과 소프트 스킬 Soft skill 로 나눠볼 수 있습니다. 하드 스킬은 특정 직무나 업무에 필요한 기술적인 능력을 의미합니다. 프로그래밍, 재무제표 작성하기, 포토샵 사용 같은 능력이죠. 이러한 기술적인 역량은 각각의 업무 수행에 필수적이며, 특정 분야에서의 전문성을 구축하는 데 중요한 역할을 합니다. 반면, 소프트 스킬은 대인관계, 의사소통, 리더십과 같은 조금 더 실체가 없는 특성을 의미합니다. 팀워크가 좋다, 문제 해결 능력이 뛰어나다, 적응 잘한다, 의사소통을 명확하게 한다 등은 모두 소프트 스킬이 뛰어난 사람에게 주어지는 평가입니다. 두 기능이 적절하게 조화되었을 때 우리는 '일 잘하는 사람'이 됩니다. 문제는 하드 스킬은 교육이나 훈련을 통해 습득할 수 있지만, 소프트 스킬은 주로 개인의 성격과 태도에 영향을 많이 받는다는 점입니다. 즉 '일머리가 좋다.', '말 센스가 훌륭하다.'라는 인정을 받게 해주는 소프트 스킬은 타고 난 역량으로 인식되기 쉽습니다.

　미네르바는 바로 이 점에 주목합니다. 우리가 살아가는 세상은 그 어느 때보다도 격변의 시대입니다. 매일 같이 새로운 기술이 쏟아져

나오고, 그로 인해 매년 많은 직업들이 사라지고 새로 생겨납니다. 특정한 직무를 잘 수행하기 위해 기르는 하드 스킬은 언제든지 필요하지 않아질 수 있는 시대인 것이죠. 그러므로 우리는 그 어느 때보다 소프트 스킬이 뛰어난 사람이 되어야 합니다. '아직 세상에 없는 직업'에도 대비할 수 있으려면 어떤 직업에도 적용할 수 있는 능력이 필요한 것이죠. 적응력, 문제 해결 능력, 필요한 정보를 빠르게 이해하고 구조화하는 능력, 다른 팀과 협업을 이끌 수 있는 소통 능력, 내 의견을 정확하게 표현하고 상대를 설득할 수 있는 능력 같은 것들 말입니다.

사실은 1학년 수업을 들으면서 '이걸 배워서 어디다 쓰지?'라는 생각을 매일 같이했습니다. 한국에서 공부하는 친구들은 경제학개론이니 마케팅원론이니 하는 멋있는 제목의 교과서로 공부할 때 저는 뭐라고 정의할 수도 없는 과목의 수업에서 실체가 없는 개념들을 공부하고 있었기 때문입니다. 하지만 1학년이 끝나자마자 첫 회사에 다니게 되면서 생각이 완전히 바뀌었습니다. 회사에는 늘 새로운 문제상황과 해결해야 할 과제들이 생겨납니다. 하나의 하드 스킬만으로 모든 문제를 해결할 수 없는 구조이죠. 우리 회사, 우리 팀이 마주한 문제를 정확하게 정의하고, 해결을 위해 어떤 것들이 고려되어야 하는지를 구조화하고, 그 과정에서 모르는 것들은 빠르게 학습하거나 도움을 요청하는 이 모든 것들은 소프트 스킬에 가깝습니다. 저는 미네르바가 이러한 소프트 스킬을 세상에서 가장 끝내주게 가르치는 학교라고 자부합니다.

어느 시대보다 문제 해결 능력이 강조되는 시대를 살아가고 있습니다. 하지만 이 능력을 어떻게 기를 수 있는지에 대해 구체적인 이야기는 덜 강조되는 편인 것 같아요. 제가 생각하기에 문제를 해결하는 것은 문제를 잘 정의하는 것으로부터 시작합니다. 미네르바 대학에서 가르치는 개념 중 #rightproblem이 있어요. 지금 문제라고 생각하는 것이 정말 옳은 문제 정의인지부터 다시 되짚어 보자는 거죠. 문제 정의는 3단계로 나눠집니다. 우선, 현재 상태 Initial state 와 되고 싶은 상태 Goal state 를 정의합니다. 그리고서는, 되고 싶은 상태가 되는 데 걸림돌이 되는 요소들을 찾습니다. 마지막은 걸림돌 중에서 해결할 수 있는 문제와 해결할 수 없는 문제를 찾아냅니다. 이렇게 3단계를 거치고 나면 '해결할 수 있는 걸림돌'이 정의가 되는데 이것이 바로 해결해야 할 '옳은 문제'가 되는 거죠.

결국 사회구성원으로서 우리의 역할은 현재 상태와 되고 싶은 상태를 정의하고, 그 사이의 틈새 Gap 를 메워 나가는 일이 되는 것입니다. 틈새를 채울 방법은 무궁무진하므로 여러 임무를 수행하게 되는 거죠. 이것이 바로 지금, 저의 역할이라고 생각하고 나서부터는 진정으로 행복한 잡부로 거듭날 수 있었습니다. 세상은 자꾸만 변하고, 직업은 사라지기도 새로 생기기도 해요. 이것은 거스를 수 없는 사회의 흐름입니다. 문제 해결사의 매력은 바로 이런 사회에서 가장 유연한 형태로 살아갈 수 있다는 점이 아닐지 합니다. 문제를 예측할 수는 없지만, 어떤 문제에 맞닥뜨리더라도 잘 해결해 낼 수 있는 사람으로요.

미래 교육에 대한 제언

#선행학습

한국 교육에서 선행학습은 빼놓을 수 없는 키워드입니다. 선행이 필요하다, 필요하지 않다는 토론은 사실 무의미합니다. 선행학습과 엮인 문제 중 가장 뜨거운 3가지를 고르면 다음과 같을 겁니다.

- 모두가 선행을 한다면, 학교에서는 도대체 무엇을 배우나요?
- 선행을 하지 않는 아이들이 소외되거나 뒤처지면 어떡하나요?
- 사교육에는 큰 비용이 들어가는데, 그럴 여력이 없는 가정 환경이면 불공평하지 않나요?

아주 중요한 질문들입니다. 하지만 이 질문들이 제기하는 문제는 단지 선행학습을 없애는 것만으로는 해결할 수 없습니다. 학습의 양이나 속도보다 '배움에 대한 태도'가 더 근본적인 문제와 연결되어 있기 때문입니다. 저는 '그렇게 하면 이런 문제가 생기지 않나요?'에서 그치지 않고, '그렇게 했을 때 생기는 문제는 어떻게 해결할 수 있나요?'까지 나아가야 비로소 의미 있는 대화라고 생각합니다. 이렇게 접근법을 바꿔보면 위의 질문은 이렇게 바뀌겠지요.

- 더 빨리 배운 학생이 주변 친구들을 가르쳐줄 수는 없을까요?
- 선행학습이 성적으로 줄 세우기에 영향을 미치지 않을 수는 없을까요?
- 사교육이 없어도 선행학습이 가능할 수는 없을까요?

잘하는 아이들을 끌어내려 평균으로 맞추는 것은 결과적으로 비효율을 낳습니다. 좋은 교육은 모두를 평균으로 맞추는 것이 아니라 모두의 평균을 높이는 것이라고 생각합니다. 학습자의 역량과 속도에 맞춘 교육을 제공하는 방법으로요. 이러한 교육의 형태를 생각해 보는 데 있어 미네르바 대학의 교육 방식이 좋은 참고 자료가 될 것 같습니다.

미네르바 대학에서는 상대평가가 없습니다. 시험도 없어요. 평가는 단 두 가지만으로 이뤄집니다. 하나는 수업 시작과 동시에 나오는 시작 질문, 수업 중 학생의 발언, 수업 끝의 마무리 질문 중 하나가 랜덤하게 선택되어 평가되는 것이고요. 다른 하나는 한 달에 한 번 정도 제출하는 에세이가 높은 비중으로 평가됩니다. 학생이 자기 생각을 담은 에세이를 쓰기 위해서는 반드시 그간 배운 내용에 대한 높은 이해가 필요하죠. 배움의 넓이와 깊이를 평가하기에 아주 이상적인 평가 방식이기는 합니다.

하지만 이를 우리 교육에 적용하기 위해서는 조금 더 자세히 살펴 볼 부분이 있습니다. 한국에서 서술형 문항은 종종 논란이 되고는 합니다. 이는 교수자의 평가에 납득하지 않고 이의 제기를 하는 경우가 빈번하기 때문입니다. 이 문제를 해결하기 위해서는 교수자와 학습자 간에 공정한 평가에 대한 신뢰가 있어야 합니다. 교수님은 학생이 이해할 수 있는 점수를 주고, 그 이유를 충분히 설명해야 합니다. 학생은 그 평가를 존중하되, 부당하다고 생각하면 합리적인 이유를 가지고 이의 제기를 해야 합니다. 어떻게 하면 이런 건강한 평가가 가능해질까요?

미네르바의 평가 시스템이 잘 작동한 이유는 두 가지입니다.

- 평가 기준에 대한 기대치가 맞춰진 상태로 평가가 시작된다.
- HC와 LO에 대해 특정 점수를 준 이유를 교수자가 아주 세세하게 설명한다. 심지어는 더 높은 점수를 받기 위해서는 무엇을 포함했어야 하거나, 생각해 봐야 했는지에 대한 의견을 주기도 한다.

미네르바는 HC와 LO라는 특별한 평가 단위를 만들어 두었습니다. HC는 쉽게 설명할 수 있는 개념은 아닙니다. '창의적으로 생각하기', '비판적으로 생각하기', '효과적으로 소통하기'와 같은 큰 핵심 역량을 아주 잘게 쪼개 놓으면 HC가 됩니다. 제가 재학 당시 미네르바 대학교 웹사이트에 업로드된 HC만 해도 100가지가 넘었습니다. 예를 들어. 비판적으로 생각하기는 데이터 분석하기 Analyzing data, 문제 분석하기 Analyzing problems와 같이 3~4가지의 역량으로 나뉘어 있고, 각 역량을 한 번 더 쪼개면 #correlation 상관관계, #breakitdown 쪼개어 생각하기와 같은 HC가 되는 것입니다. 이 HC는 1점부터 5점으로 평가되며, 각각의 점수를 받기 위한 수준도 설명되어 있습니다. 심지어 각 HC의 정의는 물론 활용 사례까지 같이 적어 두죠. LO도 HC와 동일한 구조입니다. HC가 1학년 때 배우는 공통 핵심 역량이지만 LO는 전공별 핵심 역량이란 차이만 있을 뿐입니다.

하지만 미네르바의 HC와 LO의 평가 기준도 여전히 모호합니다. 적용하는 방법이 다양할 수 있어서 평가 기준을 아주 좁게 잡을 수는 없었기 때문일 겁니다. 따라서 평가자가 친절하게 점수의 이유를 설명해 주어야 합니다.

학생은 에세이를 제출할 때 각주로 어떻게 해당 HC 및 LO를 적용했는지 자신의 논리를 설명합니다. 교수는 에세이의 전반적인 내용은 물론이고 각주까지 꼼꼼하게 살피면서 각 HC/LO에 대한 피드백을 남깁니다. 3점을 받았다면 4점을 받기 위해서는 어떤 것까지 고려해 봐야 하는지도 알려주어 다음 과제에서 더 성장할 여지를 남겨주죠.

저는 이런 구조라면 학습자의 역량과 학습 속도에 맞춘 수업이 가능할 것으로 생각합니다. 그렇다면 '빨리빨리식' 사교육의 매력은 떨어질 것입니다. 오히려 지금 배우고 있는 내용을 깊이 이해하고 날카로운 주장을 할 수 있을 정도로 배움을 갈고닦는데 더 많은 시간을 쏟아야 할 겁니다. 물론 교수자에게 엄청난 부담을 주는 교육 방식인 만큼 교육 현장에는 지금보다 훨씬 많은 선생님이 필요하겠지만요.

"교육 구조는 아직 안 변했고, 그래서 선행학습을 해야 하는 거예요, 말아야 하는 거예요?"라는 질문은 여전히 남아있을 수 있겠네요. 그렇다면 아주 큰 고백을 해야겠습니다. 저는 선행학습을 하면서 답지도 자주 베끼고 공부를 똑바로 안 했어요. (엄마 미안해.) 저는 하나를 이해하는데 남보다 오랜 시간이 걸립니다. '이해했다'라고 생각하는 기준이 높기 때문이에요. 제대로 알지 못하면 아예 모르는 것이라고 생각해서 새로운 개념을 배우면 곱씹는 시간이 꼭 필요한 사람입니다. 하지만 과학고는 보통 1~2년 선행은 기본이라고 하니 무리하게 진도를 나가야 했죠. 꼭꼭 씹을 시간이 부족했고, 그래서 대충대충 아는 척하고 넘겼습니다. 제가 가장 후회하는 부분이에요.

상대적으로 중학생 때는 시간이 조금 더 여유로우니, 선행을 할 만큼 지금 단계의 공부가 탄탄하게 완성되어 있다면 1학기 정도 미리 해두는 것은 좋은 전략인 것 같습니다. 선행을 많이 하는 것보다는, 하나를 하더라도 제대로 해서 다시 보지 않아도 될 정도로 꼼꼼하게 하는 것이 중요합니다. 굳이 할 거라면 제대로 해야 하고, 그러지 않을 것이라면 아예 하지 않는 것이 낫습니다. 제대로 소화하지 않는 선행학습은 '나 벌써 여기까지 공부했어.'라는 속 빈 자랑에 불과하니까요.

#사라지는 직업, 사라지지 않는 능력

앞으로는 지식의 중요성은 점점 줄어들 것이라 예상합니다. 이제는 너무 익숙해져 버린 ChatGPT에 궁금한 걸 물어보면 즉시 답을 알 수 있으니까요. 다양한 지식을 암기하고 있는 것보다는 '어떻게 질문해야 정확하고 적절한 답을 알아낼 수 있을까.'를 고민해 보아야 합니다. 그리고 그렇게 알아낸 답을 언제, 어떻게 사용할지 창의적으로 생각할 수 있어야 합니다.

강의에 나가면 학생들이 "저는 마케팅을 하고 싶은데요. AI에 대체될 상위 직업 중 하나던데, 마케터가 꿈이어도 되나요?"와 같은 질문을 정말 많이 합니다. 중요한 질문이니만큼 저는 곧바로 되물어요. 만약에 제가 "마케터는 AI에 대체될 거예요!"라고 말하면 마케터 안 할 것이냐고요.

컴퓨터가 없었던 세대에 살던 사람들이 컴퓨터라는 새로운 시대 변화를 맞이할 때 정말 많은 직업이 사라졌을 겁니다. 우리는 AI라는 변화를 겪고 있는 것이고, 미래에도 모양만 다르지, 어떤 형태로든 변화는 계속해서 생기고, 그에 따라 새로 생기는 직업과 사라지는 직업이 있을 것입니다. 그러니 '지금, 이 직업이 유망하대!' 내지는 '이 전공을 하면 취업이 잘된대!'와 같은 말은 크게 의미 있지 않다고 생각합니다. 막상 졸업하고 나거나 취업을 한 지 얼마 되지 않아서 더 이상 매력적이지 않은 지식, 전공, 직업이 될 수도 있거든요.

특히 변화의 속도가 걷잡을 수 없이 빨라지고 있는 격변의 시대에 살고 있는 우리는 더더욱 특정한 직업을 따르기보다는 어떻게 새로운 일에도 빠르게 적응할 수 있을지를 고민해야 합니다. 저는 이 시작점이 바로 질문이 많은 교육이라고 생각해요. 교과서에 나온 내용을 그대로 받아들이기보다는 '왜 이렇게 해야 하나요?', '다른 방법은 없나요?', '이렇게 해보면 어떨까요?'와 같은 수많은 물음표를 부담 없이 꺼내어 놓고 함께 토론하며 내 생각의 논리를 강화하는 수업이 중요해질 것입니다.

고등학교 2학년, 국어 수업 중 고전이라는 과목이 있었어요. 정석대로라면 교과서에 있는 고전에 대해 선생님이 하나하나 풀이하며 작가의 의도나 문장의 의미를 학생들에게 일방적으로 가르쳐야 했을 겁니다. 저희 선생님은 아주 색다른 방식을 도입했어요. 한 반을 5~6개 조로 나누어 고전 작품 하나씩을 맡아서 수업을 기획하도록 한 겁니다. 학생들이 나름대로 연구하고 해석한 수업을 진행하고 나면, 학생들은 격의 없이 질문을 하더라고요. 친구가 수업하니 질문을 하기도 훨씬 쉬웠던 모양이에요. 수업의 끝에는 선생님이 정석대로 해석을 알려주시고 최종 마무리를 해주셨죠. 지금 돌아보니 미네르바식 수업과 아주 유사한 형태였네요.

이런 형태의 수업이 한국에서 점차 늘어나고 있다는 소식을 종종 듣습니다. 저에게는 아주 반가운 소식이지만, 또 학생과 학부모로서는 그리 달갑지만은 않다는 이야기도 들려요. 아무래도 평가가 중요한데, 토의식으로 수업하면 어떻게 객관적인 성적을 줄 수 있겠냐는 걱정이 그 이유 중 하나이지 않을까 싶습니다. 이 문제 또한 직전에 설명한 미네르바의 성적 시스템을 벤치마킹해 볼 수 있지 않을까 상상해 봅니다.

#배움을 연결하는 방법

미네르바 입학 후 얼마 되지 않아서 개별 코칭 시간 약속을 잡으라는 안내를 받았습니다. 코치가 시간대를 열어놓으면 온라인으로 신청하는 방식이었거든요. 새로운 학교생활에 어느 정도 익숙해질 때쯤 개별 코칭을 받을 수 있었는데요, 30분 동안 진행되었던 코칭은 매년 학기 초에 하는 담임선생님과의 상담과 유사한 느낌이었습니다.

코치는 관심 분야, 인생의 목표, 학업적 목표, 샌프란시스코에 있는 동안의 목표 등 제가 가지고 있는 욕구들을 끌어내어 고민해 보도록 해주었습니다. 목표하는 바를 마음속에 두는 것보다, 그것을 밖으로 꺼내고 누군가와 공유하게 되면 보다 선명해지는 효과가 있습니다. 한 번 더 목표를 명확하게 정리하면서, 무엇을 하고자 하는지, 어떻게 준비할지를 고민해 보게 되는 시간이죠. 사회과학에 푹 빠져 있다가 갑자기 마케팅과 데이터 과학에 관심을 가지면서 그와 관련된 진로 정보나 학업 자료 등이 필요하고, 이런 내용을 함께 나눌 수 있는 그룹에 속하고 싶다고 말했습니다.

당시 샌프란시스코에서 1학년으로서의 목표에 관해 이야기했던 것이 기억에 남습니다. 사실 미네르바에게 오고 나서조차도 뚜렷한 목표가 없었거든요. 1학년은 '잘 살아남는 것'이 목표였습니다. '학점대장이 되어야지', '친구들이 제일 많은 핵인싸가 되어야지.'와 같은 뚜렷한 목적의식을 가지지 않고 모든 수업들을 '통과'하는 것에 초점을 맞추고 있었죠. 이 부분에 대해서 코치는 평가하지 않았습니다. 보통 특별한 목표가 없다고 하면 얼른 목표를 설정해서 그것을 좇으라고 하는데 말이죠. 대신, 코치는 제 대답에 아주 날카로운 질문을 덧붙였습니다.

"
잘 살아남는 것이 어떤 것이니?
"

간단한 질문인데 대답하기가 어려웠습니다. 이런 질문들을 스스로에게 던지고 대답할 마음의 여유가 없었으니까요. 잘 살아남는 게 도대체 어떤 것일까요? 저는 지난 20년간 성적에 매우 민감하게 반응했습니다. 시험을 앞두고는 친구들이 친구가 아닌 무찔러야 할 적으로 보이기도 했고요. 그런 교육 환경에서 자란 제가 생각하는 잘 살아남는 것은 늘 누군가보다 더 나은 위치에, 지금의 나보다 더 나은 모습이 되는 것이었습니다. 하지만, '더 나은'이 도대체 무엇을 의미하는가는 별로 고민해 본 적이 없었습니다. 고민에 빠져있는데 코치의 두 번째 질문이 날아왔습니다.

> "특별한 목표가 없어도, 특별히 하고 싶은 건 있니?"

코칭 세션 때는 "글쎄요, 재수강하지 않아도 되는 성적 정도면 학업적으로 올해는 만족스러울 것 같고, 그냥 다양한 걸 해보고 싶어요. 봉사활동도, 인턴도, 프로젝트도, 안 해본 걸 해보면 좋을 것 같아요. 견문을 넓히는 해로 생각하고 이번 1년을 보낼 거거든요."라고 대답했던 것 같습니다. 즉각적인 수확은 없었던 시간이었지만 무엇을 하고 싶은지에 대한 생각을 본격적으로 시작하는 계기가 되었어요.

미네르바 대학은 2학년부터 전공을 정하도록 하므로 1학년 동안은 다양한 분야를 배우며 '좋아하는 것'이 '잘하는 것'이 될 수 있는지 시험할 수 있는 시간이었습니다. 당시 3가지를 고려했어요.

사회과학^{Social Science, SS}은 고등학교 내내 고려하고 있던 전공인 만큼 애정을 많이 가지고 있는 분야였죠. 인간과 사회가 어떤 영향을 주고받는지, 사회문제의 기저에는 어떤 요소들이 있는지를 분석하는 것은 모든 일의 기초라고 생각했어요. 인간, 그리고 사회 없이 할 수 있는 일은 없죠. 기술개발, 법률, 마케팅, 의학 등 모든 분야가 인간의 필요로 이루어지며 정책과 제도의 영향을 받기 때문입니다. 비즈니스^{Business}는 당시에 관심을 전혀 가지고 있지 않은 분야였는데 미네르바에 입학하고 나서 마케팅에 흥미를 느끼면서 새로이 관심을 두게 되었어요. 그동안 마케팅을 떠올리면 기업의 이익을 위한 영업 활동 정도가 생각이 났는데 조금 다른 관점으로 볼 수도 있겠다는 생각이 들었습니다. 기업과 인간이 상생할 수 있는 제품과 서비스에 힘을 실어줄 수 있는 일로 말이죠. 훌륭한 서비스가 있음에도 불구하고 그것이 소비자에게 효율적으로 전달되지 않아 사용되지 않을 수 있습니다. 이러한 영역들을 발견하고 도움을 줄 수 있으면 제공자, 사용자 모두의 이익을 도모할 수 있겠다는 생각이 반짝 스쳐 지나갔습니다. 기업뿐만이 아니라 필요로 하는 사람들에게 가장 적합한 복지와 지원을 만들고 잘 전달될 수 있도록 하는 것도 일종의 마케팅이니까요.

컴퓨터 공학Computer Science, CS은 낯선 선택지였습니다. 한국에서 문과 학생은 이공계 전공으로의 진입이 매우 힘든 편이니까요. 시간이 지날수록 데이터의 양은 방대해지고 그 속에서 정확하고 유용한 정보를 선별하는 능력은 점점 중요해질 것으로 생각했습니다. 마케팅도 시장을 분석한 후에 이루어지는 것이고, 사회과학 또한 조사와 분석을 기반으로 하므로 흘러넘치는 자료들을 논리적이고 체계적으로 분석하는 능력이 반드시 요구될 것이고요. 이러한 점에서 CS는 다른 전공들과 함께 공부했을 때 가장 큰 시너지 효과를 만들어 낼 것 같았고요.

하고 싶은 일들을 아주 크게나마 정리하고 어떤 인턴십에 지원할 시 노좁혀졌습니다. 처음 인턴 생활을 시작한 건 1학년이 끝난 직후였고, 사업개발Business Development 인턴으로 AI/Healthcare 회사에서 근무하게 되었어요. 회사 생활을 하다 보니 미네르바에서 배운 내용을 실제 업무에 적용할 수 있는 지점들이 많다는 것을 발견했습니다. 한 예로 정보가 한 사람을 통해서 들어와 해석되고 다른 팀원들에게 전달되고 있는 구조에서 비효율이 발생하고 있다는 것이 보였죠. 이때, 수업 중에 배운 기업 구조 이론을 떠올리며 어떻게 개선할 수 있을지를 고민해 보았습니다.

회사로 들어오는 연구 제안서를 어떤 기준을 가지고 평가할 것인지, 그 시스템을 설계해야 하는 일을 마주했을 때도 똑같이 배움을 적용할 수 있었습니다. 큰 문제를 잘게 쪼개어 접근하는 #breakitdown이라는 HC를 적용하여 현재 상황, 원하는 상황, 그것이 안 되는 허들을 분석하고 그 이후에는 #bizstrategy라는 LO를 적용해서 회사에 가장 큰 사업적 영향을 줄 수 있는 기준들을 세울 수 있었습니다. 물론 이때 #evidencebased라는 HC를 적극 활용하면서 기준의 근거들 또한 다양한 자료를 통해 뒷받침했고요.

첫 회사 생활을 통해 얻은 가장 귀중한 배움은 학교에서 배운 내용은 의식적으로 일에 어떻게 적용할지 생각해 낼 때 비로소 가치를 가진다는 것입니다. 많은 사람들이 "나는 전공과 전혀 관련 없는 일을 하고 있다."라며 대학교 수업의 가치를 절하하고는 합니다. 하지만 무언가를 전공한다고 해서 자동으로 업무에 적용되는 경우는 매우 드뭅니다. 대부분은 내가 새롭게 얻은 인사이트를 우리 회사에 맞게 혹은 내 사업에 맞게 어떻게 변형해서 적용해 볼까를 고민해야 하죠. 이러한 능동적인 학습 태도는 더 많은 기회를 가져다주는 것 같습니다. 며칠 전 외부 세미나에서 듣고 온 내용을 어떻게 하면 우리 회사에 맞게 적용할 수 있을지 바로 고민해 봤어요. 그렇게 콘텐츠 마케팅 전략을 기획해 팀에 제안했고 그렇게 회사에 이바지할 수 있는 영역이 넓어지는 경험을 했습니다. 지금 배우고 있는 것들을 하나하나 곱씹어 보고 어떻게 내 일 혹은 내 삶과 연결할 수 있을지 적극적으로 생각해 보셨으면 좋겠습니다. 그렇게 하다 보면 일과 삶의 균형을 넘어 일과 삶의 조화를 찾을 수 있게 되더라고요.

5장.
미네르바의 사람들

1장.
세상에 없던 대학,
미네르바

3장.
미네르바에서의 첫 해

6장.
미네르바가 알려준 것들

4장.
글로벌 고육 정형

2장.
꿈의 대학 선택

나는
미네르바 대학으로 간다.

8장.
미네르바가 우리 사회에
던지는 메시지

9장.
미네르바, 그 이후

7장.
현실적인 도전과 극복

9장.
미네르바, 그 이후

졸업, 그 이후

    2023년 5월, 졸업식을 마지막으로 미네르바에서의 여정이 마무리되었습니다. 제가 5번째 졸업생이었으니 아직도 10년이 채 되지 않은, 젊은(?) 학교이죠. 그래서 미네르바 대학은 스타트업과 참 많이 닮아있습니다. 학생의 필요와 피드백에 따라, 규제 환경에 따라 새로운 전공이 생기기도 하고, 경험하는 도시의 구성도 달라지고는 합니다. 4년간 7개 도시에서 시작했지만, 막상 매 학기를 돌아다니다 보니 앞선 장에서 다룬 몇몇 문제점들이 드러나게 되고, 많은 학생들은 다양한 도시를 얕게 경험하기보다 1년에 한 개의 도시에서 밀도 높은 경험을 하고 싶어 합니다. 그래서인지 저의 후배 미네르반들은 7개 도시보다 적은 도시에서 생활하게 된다는 소식도 종종 들려오고는 합니다.

    미네르바는 미국 대학이기 때문에 졸업 후 전공에 따라 1~3년 동안 OPT^{Optional Practical Training} 비자를 활용해 미국에서 취업할 수 있는 자격이 주어집니다. 많은 회사들이 비자 스폰서십에 큰 비용이 들기 때문에, 처음 신입사원을 고용할 때부터 비자 지원을 꺼리는 경우가 많습니다. 하지만 OPT를 활용하면 해당 기간 회사에 기여하면서 실력과 실적을 증명할 수 있고, 그 후에는 회사에서 비자 스폰서를 받기가 훨씬 수월해집니다.

최근 미네르바의 국제 학생 담당자인 마리아나 파노시(Marianna Panossi)가 발송한 이메일에 따르면, 미국 이민국(USCIS)이 예고 없이 새로운 정책 지침을 발표하면서 F-1 비자 소지자의 상황이 복잡해졌습니다. 새로 발표된 지침에 따르면, F-1 비자 학생은 미국 외 지역에서의 학업을 5개월 미만으로 유지해야만 F-1 비자 상태를 유지할 수 있습니다. 기존에는 학생들이 미국 외 지역에서 학업을 진행하더라도 F-1 비자를 유지할 수 있었기 때문에, 미네르바의 글로벌 로테이션 프로그램이 차질 없이 운영될 수 있었거든요. 하지만 이제는 5개월 이상의 해외 체류가 F-1 비자 유지에 영향을 줄 수 있어, 특히 OPT를 희망하는 학생들에게 큰 제약이 됩니다.

이에 따라, 미네르바는 M25 학생들(2025년 5월 졸업 예정인 학생을 이르는 말) 중 OPT를 희망하는 학생에게 2024년 10월 5일 이전에 샌프란시스코로 복귀할 수 있는 선택지를 마련하였습니다. OPT 신청을 원하는 M25 학생들은 샌프란시스코에 일찍 복귀해 미국 체류 요건을 충족할 수 있게 됩니다. 다른 학년 학생들(M26, M27, M28)에 대해서는 아직 정책 변경의 영향을 평가 중이고, 미국 정부 기관(SEVP)으로부터 추가 지침이 제공되는 대로 업데이트를 제공할 예정이라고 합니다.

해당 정책 변경으로 인해 미네르바의 글로벌 로테이션 프로그램에 적지 않은 변화가 필요하게 되었으며, 학생들의 OPT 신청을 포함한 향후 계획에도 큰 영향을 미칠 수 있게 되었죠. OPT 때문에 미네르바 대학을 선택한 학생들이 있을 정도로 정말 중요한 정책 변화인데요, 미네르바는 정책 변동 상황에 신속히 대응하여 학생들이 이에 따라 겪을 수 있는 불이익을 최소화할 수 있도록 시기적절한 지원책을 마련하고 있는 것으로 보입니다.[1]

기존에 없던 방식의 교육인만큼 여러 정책 변화에 따라 미네르바의 도시 경험도 발맞추어 변할 수밖에 없습니다. 저의 경우에는 미국 취업이 우선이 아닌지라 OPT가 전혀 중요한 요소가 아니었지만, 미네르바 대학 졸업 이후 곧바로 미국에서의 취업을 고려하고 있다면, 미네르바 대학의 대응책을 유심히 지켜보시는 것을 추천해 드립니다.

이런 이슈와는 별개로 학교생활을 하면서도, 졸업하고 난 이후에도 미네르바 졸업생들의 실적과 근황을 알고 싶다는 질문을 종종 받습니다. 입학부터 꽤 최근까지 저도 궁금했던 부분이기도 해요. 미네르바의 졸업생들은 도대체 지금쯤 무엇을 하고 있을까요?

보통 졸업생의 근황이 궁금하다는 말은 곧 졸업생들이 '잘 먹고 잘 살고 있냐?'는 질문입니다. 학교가 정말 좋은 실적을 내고 있냐는 뜻이겠지요. 졸업 후의 진로는 학생마다 각기 각색입니다. 물론 여느 대학과 마찬가지로 취업이 잘되지 않아 인턴십을 하면서 취업 준비를 계속하는 친구들도 간혹 있기는 하지만, 졸업한 지 1년 반 정도가 되어가는 지금은 대부분 자기만의 진로를 나름대로 찾은 듯해 보입니다. 대학원으로 진학하는 학생들도 있고, 바로 취업하는 학생들도 있죠. 특이한 점은 창업하는 학생이 학교의 규모에 비하면 상당히 많다는 것입니다. 심지어 재학 중에 창업해서 오랜 기간 휴학을 하고

---

1) 현재 해당 문제가 해소되어 학생들은 정상적으로 글로벌 도시 경험을 이어 나가고 있습니다.

돌아오는 학생도 있고, 심지어는 사업이 너무 잘 되어서 자퇴하고 본업에 집중하는 사례도 있습니다. 많은 경우 글로벌 테크 회사로 취업하는 것 같아요. 컴퓨터 공학 전공자가 많다 보니 어찌 보면 자연스러운 진로일 텐데요. Google, Meta, Palantir와 같은 빅테크 기업 혹은 저와 같은 재무 전공자들은 금융 산업으로 진출하고 있습니다.

저의 경우에는 정확히 어떤 역할이 가장 잘 맞을지 탐색하는 것이 가장 중요하다고 생각했습니다. 그래서 다양한 산업을 오가고 있고, 특히 한 사람이 다양한 역할을 할 수 있고, 또 해야 하는 스타트업을 선택했습니다. 앞으로 짧아도 20년의 커리어가 기다리고 있는데, 정확한 방향성을 정하는 것이 무작정 '크고 유명한 기업'에 들어가는 것보다 우선이라고 생각했기 때문입니다.

회사 밖에서는 미네르바 대학 진학이나 진로 고민이 있는 학생들, 미네르바의 시스템을 한국 교육에 적용하고자 고민하는 분들을 대상으로 다양한 강의 활동도 하고 있습니다. 대상으로 다양한 강의 활동도 하고 있습니다.

미네르바의 흔적

지난 5월, 미네르바 대학을 졸업하며 풀타임 학생과 풀타임 직장인의 병행이 끝났습니다. 요즘 저를 처음 만나는 분들과의 대화는 대부분 이렇습니다.

지엽_ 이번에 미네르바 대학교를 졸업하고 포트레이에서 사업개발자로 일하고 있는 임지엽이라고 합니다. 아직 여기서 몇 개월이 안 되어서 서툰 점이 많습니다.

낯선 분_ 아~ 바로 취업하셨어요?

지엽_ 아니요, 이번이 네 번째 회사예요.

낯선 분_ 아, 그러시구나! 아니, 잠깐만, 잠시만요. 어떻게요?

지엽_ 학교에 다니면서 회사를 같이 다녔어요. 1학년 끝나자마자 스타트업에서 일하기 시작해서 1년에 한 번씩 이직했더니 벌써 네 번째 회사에 다니고 있네요 하하.

풀타임 학생은 휴학하지 않고 정상적으로 학기를 보내고 있는 학생을 의미하고, 풀타임 직장인은 주40 시간을 근무하는 보통의 직장인을 의미합니다. 그러니 '낯선 분'의 반응은 아주 당연합니다. 보통의 학생들은 방학 동안 3~4개월 정도 인턴십을 하거나 아예 휴학하고 1~2년 정도 회사에 다니니까요. 학생과 직장인을 동시에 했다고 하면 믿을 수 없다는 반응이죠. 이런 말도 안 되는 일이 왜 일어난 걸까요? 어떻게 25살의 따끈따끈한 대학 졸업생이 4번째 회사에 다니고 있는 걸까요?

현실적으로 가능했던 이유는 제가 미네르바 대학교라는 특별한 학교에 다니고 있었기 때문입니다. 미네르바 대학은 4년간 7개국에 있는 기숙사에 머물며 모든 수업을 온라인으로 진행하는 학교입니다. 어떤 학기는 한국에서 출퇴근하고, 어떤 학기는 유럽에서 원격근무를 하며 3년을 보낼 수 있었던 거죠. 또, 학업과 병행할 수 있는 근무 환경을 제공할 수 있는 회사를 선택했기 때문입니다. 일반적인 대기업이었다면 아마 불가능했을 것으로 생각해요. 하지만 시스템 자체보다는 언제 어디서든 주어진 업무에 대한 성과를 확실하게 낼 수 있다면 조금 유연하게 근무하는 것을 허용할 수 있는 회사들도 생각보다 많이 있습니다. 오프라인으로 일을 하다가 독일 학기가 시작함과 동시에 해외에서 원격근무로 이어서 일을 할 수 있도록 배려해주는 회사, 영국 학기 중에 일을 시작하여 몇 개월 해외 근무 후 한국에서 오프라인으로 일할 수 있도록 양해해주는 회사 덕분에 오늘 배운 내용을 내일의 실무에 바로 적용해 볼 수 있는 귀한 경험을 할 수 있었죠.

하지만, 가능하다고 해서 모두가 이 길을 택하지는 않습니다. 낮에는 회사에 갔다가 퇴근하자마자 수업 준비를 하고, 수업을 듣고, 새벽에는 과제를 하고 다시 일어나 출근하는 건 웬만한 체력으로는 버텨내기 힘든 일정이거든요. 그런데도 제가 직장 생활을 놓지 못했던 것은 학교에서 배운 내용을 실무에 적용해 보는 것이 너무 짜릿했기 때문입니다. 미네르바에서 배운 내용들, 특히 1학년 때 집중적으로 배운 소프트 스킬은 유독 회사 생활과 병행하면서 큰 재미를 주었고, 여전히 그 개념들을 사용하고 있는 저를 보며 미네르바가 저에게 참 진한 흔적을 남겼다는 생각이 듭니다.

저와 달리 회사 생활과 병행하고 싶어도 근무 환경의 제약 때문에 그러지 못하는 경우도 분명히 있을 것입니다. 아니, 오히려 훨씬 비일비재할 것 같아요. '그런 상황에도 미네르바로의 진학이 의미가 있을까?'라는 질문을 스스로 참 많이 해보았어요.

여전히 그렇다는 대답으로 결론이 납니다. 인공지능, 그리고 이 기술에서 가장 큰 화제라고 할 수 있는 LLM의 발전으로 무엇인가를 뾰족하게 아는 것 그 자체보다도 중요한 일들이 생긴 것 같습니다. 어떤 문제를 해결하고 싶은지 혹은 해야 하는지, 이를 해결하기 위해 어떤 도구들이 세상에 존재하는지를 파악하고, 주어진 도구를 어떻게 활용해야 할지 고민할 줄 아는 사람이 앞으로 더 귀해질 것으로 생각해요. 그런 점에서 저는 전공과 전혀 교차점이 없는 바이오테크 업계에 근무하면서 미네르바에서 보낸 시간의 가치가 더 절실히 느껴졌습니다.

#rightproblem. 미네르반이라면 입이 닳도록 말하고 귀에서 피가 나도록 듣는 HC예요. '우리가 해결하고자 하는 문제가 정확하게 무엇인가?', '큰 문제를 해결하기 위해 작은 문제들로 충분히 잘 쪼개어 보았는가?'와 같은 사고방식을 4년 내내 훈련받았습니다. 또, 여러 과제를 하면서 문제를 해결하기 위한 다양한 방법론들도 자연스럽게 체득이 되었을 겁니다. 이런 학생들에게 '지금까지 없었던 문제', '처음 보는 기술', '기초 지식이 없는 새로운 업계'와 같은 것들은 전혀 걸림돌이 되지 않습니다.

의외의 반전

　재학 당시 미네르바 대학은 4년 동안 7개국을 경험할 수 있도록 설계되어 있었습니다. 지금은 도시 경험이 개편되어 7개국보다 조금 줄어든 도시에서 생활하기는 하지만, 어찌 되었든 미네르바에서의 배움 중 다양한 나라와 도시에서의 경험은 아주 중요한 꼭지 중 하나인 것은 분명합니다.

　연락할 때마다 제가 머무는 나라가 달라져 있다 보니 졸업을 한 지 벌써 1년이 다 되어가는데도 한국 친구들은 "지엽아, 너 한국에 있는지 몰랐어."라며 깜짝 놀라고는 합니다. 학기마다 보통 즐거운 일들만 SNS에 올리기 때문에 대부분의 지인들은 제가 아주 신나고 재밌게만 사는 줄 아는 경우가 다반사입니다. 변화로 가득한 삶이 적성에 아주 잘 맞겠거니 하며 '역시 지엽이답군.'이라고 생각하더라고요.

　변화가 가득하다는 건 그만큼 빠른 적응 능력을 요구하는 일이기도 합니다. 일 년에 적어도 두 번 정도는 이동해야 하다 보니 학교 안의 관계를 제외한 모든 관계는 유지하기가 굉장히 어렵습니다. 새로 사귄 현지 친구도, 연인도 조만간 랜선친구, 장거리 연애가 될 사람들이었죠. 깊은 관계를 맺는 만큼 이별도 어려운데 미네르바에서는 새로운 인연도, 새로운 이별도 빨리 적응하지 않으면 생활이 쉽지 않았죠.

미네르바에서의 생활이 값졌던 것과는 별개로 시간이 지날수록 정착 욕구가 무럭무럭 자라났습니다. '어딘가에서 딱 1년이라도 길게 살아보고 싶다', '내 집이라고 부를 수 있는 고정된 공간이 있으면 좋겠다', '이별하지 않아도 되면 좋겠다' 같은 생각들을 하는 시간이 늘어났거든요. 새로운 현지 친구를 사귀어도 다른 도시로 옮겨가면 너무 쉽게 연락이 끊어지고는 했습니다. 이런 생활이 길어질수록 마음 기댈 곳이 점점 사라지는 기분이었습니다. 더 정확히는 마음 기댈 곳이 없었어요. 캠퍼스가 없고 기숙사 건물만 덩그러니 있는데, 이마저도 미네르반만 쓰지 않기 때문에 건물에는 낯선 사람들이 종종 보였습니다. 그러니까 이 건물이 나의 공간 혹은 우리 학교의 공간이라는 생각이 쉬이 들지 않았던 거죠. 누군가를 만나도 어차피 곧 헤어져야 할 걸 아니까 진지하고 진솔한 마음 대신 '난 원래 가볍고 쿨한 사람이야.' 가면을 꺼내어 쓰고 다니기 시작했습니다. 깊이 마음에 두었다가 떠나가야 할 시간이 오면 너무 힘들 테니까요.

처음 학교에 입학할 때만 해도 해외에서 취업해야겠다는 목표라면 목표가 있었습니다. 이왕 미국 대학교에 왔으니, 인생에서 한 번 정도는 해외에서 생활을 해봐야겠다는 생각이 있었죠. 평생은 아니어도 20대, 30대 정도는 청춘을 갈아 넣으며 멋진 경력 한 번 쌓아보고 돌아가자는 포부가 있었습니다. 하지만 졸업이 다가올수록 변화의 속도를 줄이고 싶어졌어요. 어딘가에 힘 빡 정착하고 싶어졌습니다. 작더라도 내가 빛과 소리와 향을 통제할 수 있는 나만의 방이 있었으면 좋겠고, 하나의 회사를 진득하게 다녀보고 싶고, 한 사람을 멀어질 걱정 없이 사랑해 보고 싶어졌죠.

　미네르바 대학교에 다닌다고 해서, 졸업했다고 해서 반드시 진취적인 사람이라거나 변화를 즐기는 사람이 되어가는 것은 아닙니다. 오히려 그 반대인 경우가 더 많은 것 같아요. 저의 경우에는 잦고 많은 변화의 시간을 보내다 보니 매번 적응하는 데만 에너지를 너무 많이 쏟고 있었습니다. 적응을 잘하는 것도 중요하지만 순간 하나하나를 제대로 살아내는 것도 중요한데 말이죠. 적응 능력은 뛰어나졌지만, 삶의 모든 장면을 꼭꼭 씹는 소화 능력은 떨어지고 있었습니다. 사람을 대충 이해하고 넘어가는 시간, 적응하느라 다 써버리는 에너지를 채우느라 아무것도 하지 않는 시간, 그렇게 충실하게 보내지 못한 시간을 후회하고 아쉬워하는 시간이 늘어났어요. 문득 이것은 내가 원하는 삶의 방향이 아니라는 생각이 들었습니다. 재미 추구형 인간은 맞지만, 그것이 단순히 변화를 추구하는 것은 아니었습니다. 주변 환경을 송두리째 바꾸지 않고도 어딘가에 정박한 삶에서도 재미를 추구하는 경험도 해보고 싶어졌습니다.

　많은 분들의 생각과 기대(!)와는 다르게 저는 한국에 정착하겠다고 생각하고 있습니다. 해외로 출장을 매주 다녔으면 다녔지, 진짜 본거지는 한국에 있는, 그래서 돌아올 시간과 장소가 정해져 있는 삶을 살고 싶습니다. 지난 5년간 잊어버리고 있었던 소속감, 안정, 소소함과 같은 단어들의 의미를 다시 곱씹어 보며 빠른 적응보다는 모든 순간을 정성을 다해 살아가는 시간을 누려보려고 합니다.

언젠가 이런 삶에서 더 큰 변화가 필요하다고 느낀다면, 미네르바에서의 경험과 배움을 떠올리며 언제든 새로운 시도를 해볼 수 있겠지요. 그러니 미네르바에서 제가 얻은 것은 선택지일 것입니다. 떠나는 것을 두려워하지 않아도 될 만큼 새로움에 익숙해진 나와 정착한 삶에서도 그 속에서 작은 재미를 찾을 줄 아는 나 사이를 오갈 수 있는 자유를요.

20대 중반으로 접어들며 생기는 고민들

　요즘 저는 자꾸만 이상한 기분이 듭니다. 스스로가 너무 잘하고 있는 것 같다가도, 뒤처지고 있는 것 같고요. 이 정도면 충분하다 싶다가도 뭔가 더 대단한 걸 해 내야 하지 않나 싶기도 하고요. SNS를 보면 블로그 해라, 릴스해라, 창업해라…. 자꾸만 얼른 무엇인가를 하라고 재촉하는 것 같습니다. 아침 일찍 일어나서 운동하고, 책 읽고, 아침도 건강하게 잘 챙겨 먹고 가야만 건강한 청년이라고 소리치는 것 같습니다. 네가 이렇게 별생각 없이 있는 시간에 누군가는 너를 앞서가고 있다고 자꾸만 불안감을 주는 사회에서 우리는 살아가고 있습니다.

　한국의 평균 올려치기라는 영상을 인상 깊게 봤어요. 간단하게 말해 실제 평균치는 우리가 생각하는 평균치보다 낮다는 건데요. 그만큼 내가 가진 것은 과소평가하는 반면, 남이 가진 것은 과대평가하고 있다는 의미이기도 합니다.

20대 평균 연봉이 얼마라고 하던데
내 연봉은 왜 이렇게 쥐꼬리만 하지?

결혼하려면 집은 있어야 한다던데 언제 돈 모아서 언제 집사지?

서른이면 슬슬 결혼해야 한다는데,
이 사람이랑 헤어지면 어떡하지?

은퇴하기 전에 이만큼은 모아둬야 편하다던데, 부업을 해야 하나?

옆집 애는 진작에 파닉스를 끝내고 영어책을 읽는다는데,
우리 애가 뒤처지나?

이런 생각들은 근본적으로 '남과의 경쟁에서 밀리고 있다.', '내가 평균보다 못하고 있다.'는 공포감에서 비롯되는 것 같습니다. 저는 이 기분을 너무나도 잘 알고 있습니다. 최근까지만 해도 내로라하는 대기업에 다니고 있지도 않았고, 그렇다 보니 연봉이 대단하지도 않았어요. 서울에 본가가 있어서 집 문제가 해결된 것도 아니거든요. 능력이 엄청나서 창업한 것도 아니고요.

사실 미네르바를 선택하면서 타인의 기준에 대해서는 거의 의식하지 않기 시작했습니다. 학교 이름이 주는 브랜드 파워를 포기하면서부터 나른 사람들에게 나의 가치를 어떤 유명한 이름에 기대 알릴 수가 없어졌어요. 내가 어떤 사람인지는 나의 경험, 나의 말, 나의 행동으로 보여주고 증명해야 했습니다. 화려한 간판 대신 진정성 있는

나만의 간판을 만들어 나가야 했죠. 그 과정을 견뎌내기 위해서는 다른 사람의 기준을 못 본 척하고 사는 편이 마음이 편했거든요. 다른 사람이 말하는 '잘 나가는 삶'을 마주할수록 스스로가 초라해지는 것만 같았거든요. 1년이 지나고, 2년이 지나며 경험하는 것들을 쌓여가고 대입을 준비했던 것처럼 또 나만의 이야기를 만들 수 있는 소재들이 많아지기 시작했습니다. 이제는 더 이상 누군가의 이름에 기대 저를 소개하지 않아도 오롯이 저의 소재만으로도 여러 사람이 매력적인 이야기라고 느낄 수 있는 스토리텔링이 가능해졌습니다.

그런데도 한국에 돌아와 자꾸 대단하기를 바라는 세상과 마주하자니 저도 겁이 나고 두렵습니다. 초등학생 때보다 지금의 꿈은 훨씬 작은데, 세상을 바꾸겠다는 욕심보다는 그냥 평범하게 잘 먹고 잘살고 싶다는 마음이 더 큰 어른이 되었는데 말이죠. 그 두려움을 처음에는 저도 똑같이 해결하고자 했습니다. 간절하지는 않지만, 좋은 간판이 되어줄 것 같은, 남이 많이 지원할 만한 회사에 지원해 보고, 명품도 무리하게 사보고, 관심은 없지만 필요할 것 같은 공부를 하기 시작했습니다. 하지만 마음이 계속 공허했어요. '그래서 그 좋은 회사에 다니면 내가 어떻게 행복해지지?', '이 명품 가방을 들고 다니면 내 가치가 더 높아지나?', '재밌지도 않은 공부를 해서 즐기는 사람을 진짜 이길 수 있나?' 이런 의문들이 샘솟았습니다. 수많은 물음표의 끝에서 결국은 그런 길은 저와 맞지 않다는 걸 깨닫게 되었어요.

누가 더 대단한지 끊임없이 견제하고, 나를 평균에 꿰맞추게 되는 이유는 한국 사회의 보이지 않는 줄자 때문인 것 같아요. 몇 등부터 몇 등까지는 이런 전공, 이런 회사, 이런 직무…. 이렇게 선이 뚝뚝

그어져 있는 거죠. 사실 줄자는 모두가 달라야 하는데 우리가 추구하는 가치들이 너무나도 획일화되어 있다고 생각합니다.

미네르바 대학에 입학하고 진행한 첫 코칭 세션에서 삶의 가치에 대해 친구들과 이야기를 나눴던 적이 있어요. 내 삶에서 소중한 것들을 쭉 적어보고 하나씩 지워가며 가치의 우선순위를 정했죠. 이 과정 중에서 가장 어려웠던 것은 내 삶에서 무엇이 소중한지 적어 보는 것 그 자체였습니다. 소중한 것, 내가 추구하는 가치를 표현할 수 있는 단어가 제게는 몇 가지가 없었어요. 돈, 지위, 명예, 건강, 사랑 정도가 떠올랐어요. 이 중에서 우선순위를 정하는 건 크게 의미가 없는 거예요. 한 번도 그런 가치들이 내 인생에서 왜 중요한지, 저런 큰 단어 아래에 어떤 작은 것들이 있을 수 있는지 생각해 본 적이 없었습니다. 돈 밑에도 현금, 부동산, 주식, 예금 등등 정말 다양한 유형들이 있을 수 있는데 말이죠. 내가 어떤 돈을 얼마나 원하는지 생각해 본 적이 없었던 거예요. 건강도 마찬가지예요. 몸 튼튼 마음 튼튼을 더 쪼개어 보면 악몽 없이 잘 자는 것, 운동을 얼마 이상 하는 것과 같은 작은 일들이 있는 거죠. 그러니까 우리 사회의 가치들이 획일화되어 있는 이유는 그것들을 더 쪼개어 보지 않았기 때문은 아닐까요?

이 문제의 근간에는 교육이 크게 자리하고 있을 것 같습니다. '학교에서는 좋은 성적을 받아야 한다.', '친구들과 사이좋게 지내야 한다.'는 가치를 충분히 쪼개어 가르치고 있는지요. 좋은 성적이란 무엇인지, 친구들과 사이좋게 지내는 것은 무엇인지 우리 사회는 자세하게 가르치지 않는 것 같습니다. 사이좋게 지낸다는 것이 어떤 일에도 결코 친구들이랑 싸우지 않는다는 아닐 수 있는데 말이죠. 나를 화나게 하는 일들에는 정확하게 나의 감정을 표현하는 것이 원만

한 교우관계의 한 방법일 수도 있으니까요. 한국은 하면 안 되는 일 보다는 해야 하는 일들을 정확하게 정해놓는 편입니다. 게다가 가치 쪼개기도 섬세하게 해두지 않았으니, 우리가 떠올릴 수 있는 '해야 하는 일'이나 '추구해야 하는 가치'는 획일적일 가능성이 굉장히 높습니다.

평균 올려치기를 해결할 수 있는 가장 효과적인 방법은 평균의 개념을 지워버리는 겁니다. 정의할 수 있는 평균을 만들지 않으면 되는 거죠. 즉, 모두가 다른 가치 체계를 가지는 것이 당연하다는 사회적 인식이 만들어져야 합니다. 이를 위해서는 무엇보다도 교육이 중요한 역할을 해주어야 하겠죠. 모두에게 다른 줄자를 주기 위해서 가치를 자신만의 언어로 쪼개어 생각해 보는 시간이 전 세대를 걸쳐 주어질 수 있도록요.

끊임없이 잡부로

'부'라는 단어를 개인적으로는 역할Job이 많다(富)는 의미로 사용하고 있습니다. 부여된 역할을 수행하기 위해서는 배워야 할 것들도 아주 많습니다. 기획, 개발, 디자인, 재무, 언론 홍보, 사업개발, 투자 등등이 있죠. 훌륭한 잡부는 미니 CEO와 같다고 생각합니다. 한 조직이나 기업의 대표는 여러 일들을 두루두루 잘해야 하는데, 잡부는 권한과 책임소재는 줄어들었지만, 대표와 업무 범위는 같은 사람이라고 볼 수도 있을 것 같아요.

지금 행복한 잡부이기는 하지만 앞으로도 회사에서 계속 잡부로 남고 싶지는 않아요. 그렇게 되어서도 안 된다고 생각하고요. 조직이 성숙해질수록 체계와 우선순위가 분명하게 정해집니다. 그에 따라서 구성원의 역량도 정리가 되어야 해요. 초창기 회사와는 다르게 들어오는 대로 빠르게 일을 쳐내는 것이 아니라 중요한 일을 잘 해내는 게 속도보다 더 중요해지는 시기가 옵니다. 이때는 잡부보다는 맡은 일을 날카롭게 파고들 수 있는 뾰족한 무기를 지닌 전문가가 필요해집니다. 조직의 성장에 맞춰 구성원인 저도 유연하게 변화하고 성장할 수 있어야 합니다. 그래서 한동안 뾰족한 무기로 무엇을 가져야 오래오래 잘 쓸 수 있을까 고민했어요. 요즘은 사업개발자로서의 길을 걷고 싶다는 생각이 정리되어 이 방향으로 커리어에 의미 있는 자취를 남기고 싶습니다. 조금씩 다른 영역의 일들은 줄여나가면서 훌륭한 사업개발자라면 해낼 수 있어야 하는 일들을 근사하게 해나가는 것이 단기 목표입니다.

  회사 생활에서의 잡부 생활은 마무리할지라도 삶에서는 여전히 행복한 잡부로 남아있고 싶습니다. 즉, 회사 생활을 하는 직장인의 자아 말고도 다른 역할을 포기하고 싶지 않아요. 어릴 적부터 좋아해 마지않던 글을 읽고 쓰는 삶을 더 이상 생계를 이유로 미뤄두고 싶지 않습니다. 아침에 일어나 어젯밤 골라둔 책을 읽으며 하루를 시작하는 것이 오랫동안 행복한 하루를 생각하면 떠오르는 장면 중 하나였습니다. 서점에 가서 책 냄새를 맡고, 새로 만난 책에서 낯선 표현 방법을 발견하는 기쁨을 더 자주 누리고 싶습니다. 그렇게 더 많은 텍스트를 읽고, 더 자주 삶과 일상을 곱씹으며 저의 언어로 기록을 남겨두고 싶어요. 생각을 글로 표현하는 일은 제가 예상했던 것보다 훨씬 고통스러운 과정이었지만 〈프롬미네르바〉라는 뉴스레터를 쓰면서 행복했고, 이번 글을 쓰면서도 정말 많이 웃고 울었습니다. 그래서 글 쓰는 사람으로서의 자아를 조금 더 세상에 내보이고 싶어요.

  또 저와 같이 세상에 없던 길을 가고자 하는 이들과 함께, 혹은 이들을 위해, 그리고 제가 그동안 받아온 도움과 혜택, 다양한 사람으로부터 얻은 인사이트를 더 많은 사람과 공유하기 위해 교육에 대한 의견을 나누는 자아의 비중도 늘려나가려고 합니다. 셀 수 없이 다양한 성공의 정의와 각자의 성공으로 가기 위한 더 많은 방법들과, 그 방법을 구할 수 있는 더욱 다채로운 진로와 배움의 형태를 찾아나갈 수 있는데 쓸모가 있었으면 좋겠습니다.

잡부는 어떤 영역에서도 전문가보다 뛰어나지는 않습니다. 대신, 모든 분야를 완벽하지는 않더라도 충분히 이해하고 있으므로 각 전문가를 잘 연결해 줄 수 있는 사람은 될 수 있습니다. '뭐 하나 1등인 게 없는 사람'처럼 보일 수도 있겠지만 '못 하는 게 없는 사람'이라고 볼 수도 있으므로 생각보다 주변에서 찾아보기 어려운 유형인 듯합니다. 육각형 인간이 대세인 이유도 아마 모든 것을 평균 이상 충족하는 것이 꽤 힘들고 드문 일이기 때문일 겁니다. 지금까지는 회사 생활 속에서 잡부의 역할을 잘 해내기 위해 노력했다면 앞으로는 삶에서 행복한 잡부가 되기 위한 노력을 해나갈 거예요. 훌륭한 전문가들을 연결하며 지금껏 없었던 새로운 교육의 형태, 진로의 형태, 삶의 형태에 대해 고민한 결과가 사회에 좋은 영향을 미칠 수 있도록요.

Epilogue

재밌게 살아도 괜찮은, 재밌게 살아서 근사한 삶

　　시스템은 결국 사람이 만들어 내는 것이기 때문에 시대에 따라 변하기 마련입니다. 시대가 변함에 따라 세상이 원하는 인재의 유형도 변하고 교육의 내용과 방법도 바뀝니다. 삶의 형태도 서서히 변화하죠. 완벽한 시스템이란 없다고 생각합니다. 부조리가 발견되고, 사각지대가 발견될 때마다 시스템을 부숴버리기는 어려울 거예요. 그래서 저는 계속 변화하는 세상에 잘 적응하는 방법에 관해 이야기하고 싶습니다. 변화하는 세상에 나를 꿰맞추는 순응의 방법이 아니라, 나를 지키면서도 변화에 어우러질 수 있는 적응의 방법을요.

서울대학교 대신에 미네르바 대학을 선택한 그 순간부터, 어쩌면 그 훨씬 이전부터 저는 재미를 추구하며 살아왔습니다. 그렇게 매 순간 '지금 나에게 가장 재밌는 것'을 고르다 보니 부조리한 시스템을 부순다거나 그 정상에 올라가 위에서부터 아래로 변화를 일으키겠다거나 하는 거창한 꿈 말고 다른 꿈이 생겼습니다. 변화를 즐기며 그 속에서 재밌게 살아내는 일입니다. 재미있게 살기로 한 선택이 늘 재미로만 가득하지는 않았습니다. 재밌게 살기 위해서는 남과 다른 선택을 해야 했어요. 다른 사람들의 의견에 휩쓸리지 않기 위해 정말로 내가 원하는 일이 무엇인지 끊임없이 고민해야 했죠. 부지런히 움직이며 남이 가보지 않은 길들에는 무엇이 있는지 탐색해야 했습니다. 무지성 재미 추구가 아니라 책임감 있고 생산적인 재미를 어떻게 추구해야 하는지 늘 생각해야 했죠.

저는 여전히 재미를 찾아다니는 중입니다. 앞으로도 어떤 재미난 일들이 있을까, 어떻게 하면 조금 더 재밌게 주어진 일을 해낼 수 있을까, 어떤 신나는 일들을 벌여볼지 고민하며 살아갈 거예요. 그렇게 대단한 사람이 아니라 별난, 그래서 특별한 사람이 되고 싶습니다. 평범하게 남과 같이 회사에 다니며 '일은 안 하고 싶지만, 돈은 많이 벌고 싶어.' 같은 부질없는 생각을 하는 와중에 배우고 고민한 것들을 공유하며 저만이 할 수 있는 이야기를 나누면서요.

"삶은 원래 마음대로 되는 게 아니라, 그저 내 마음에 들어가는 것"이라는 말을 들은 적이 있어요. 무엇인가를 정해놓기보다는 각자의 재미를 따라 살다 보니 무엇이 되어있는 청년들이 많아졌으면 좋겠습니다. 지금의 시간에 이르기까지 아주 많은 분들이 저의 재미 추구를 돕는 조력자였습니다. 이제는 제가 누군가의 조력자가 되어 더 다양한 재미있는 삶을 만들어 나가는 데 도움이 되었으면 합니다.

어느 때보다도 속도가 중요한 시대를 살아가고 있습니다. 변화의 흐름에 뒤처지지 않도록 앞만 보고 달려야 한다는 부담감을 눈을 뜰 때마다 느끼면서 매일 아침을 시작합니다. 그럴 때마다 저는 강릉 여행을 떠올리고는 합니다. 어디를 가고 싶은지도 정확히 정하지 않은 채, 그저 '강릉'이라고만 목적지를 입력하고 출발했어요. '도착해서 뭐 할지 정하면 되지!' 하는 마음으로요. 네비게이션의 안내를 따라 도착한 뒤에야, 예전부터 가고 싶었던 바닷가가 생각나서 검색해보니 꽤 멀리 떨어져 있더라고요. '처음에 10분만 더 고민했더라면 30분은 일찍 도착했을 텐데.' 하는 아쉬움도 들었죠.

하지만 또 한편으론 이런 생각도 들었습니다. 구체적인 목적지가 없었기에, 중간중간 멈춰 사진도 찍고, 계절의 변화를 느끼고, 그런 여유가 있었던 게 아닐까. 어쩌면 그렇게 흘러가던 그 여정 속에서, 마음속에 오래 담아두었던 목적지가 자연스럽게 떠오른 걸 수도 있고요.

문득 이런 생각이 듭니다. 지금 나는, 사회가 정해준 방향만 무작정 따라가고 있는 건 아닐까? 그 속에서 나만의 재미와 리듬은 놓치고 있는 건 아닐까?

인생의 순간마다 내가 뛰어난 사람임을 증명할 필요는 없더라고요. 늘 완벽해야 할 이유도 없고요. 솔직히 매번 완벽할 수는 없잖아요. 그렇다면 저는 그냥 재밌게 살기로 했습니다. 한 번 사는 내 인생, 주인공인 내가 가장 행복할 수 있는 길로, 어떠한 목표를 이루는 것이 목표가 아닌, 그냥 살아가다 보니 길이 만들어져 있는 그런 삶을 살아가고 있습니다. 누군가에게 나를 증명하고자 몸부림치기보다는 그냥 내가 나에게 조금씩 더 마음에 쏙 드는 사람이 되기 위해서요.

저의 여정이 누군가에게는 또 하나의 길이 될 수 있었으면, 혹은 새로운 길을 걷고자 하는 이들에게 작은 응원과 위로 같은 어떤 것이 될 수 있다면 충분하겠더라고요. 재밌게 살아도 괜찮은, 재밌게 살아서 근사한 삶을 꿈꾸는 재미 추구형 인간들을 온 마음 다해 응원합니다.

258

이제 저는, _____로 갑니다!

세계혁신대학 1위,
나는
미네르바 대학으로 간다.

초판 1쇄 발행 2025년 5월 20일

지은이 임지엽

발행인 김병주
편집위원회 방나희 김춘성 한민호
디자인 정진주 **마케팅** 진영숙
에듀니티교육연구소 이문주 백헌탁 박종서

펴낸 곳 (주)에듀니티
도서문의 1644-5798
일원화 구입처 031-407-6368 (주)태양서적
등록 2009년 1월 6일 제300-2011-51호
주소 서울특별시 중구 남대문로 117, 동아빌딩 11층
출판 이메일 book@eduniety.net
홈페이지 www.eduniety.net
페이스북 www.facebook.com/eduniety
인스타그램 www.instagram.com/eduniety/
리틀리 https://litt.ly/eduniety

문의하기

투고안내

ISBN 979-11-6425-187-2

값은 뒤표지에 있습니다.

- 이 책은 저작권법에 따라 한국 내에서 보호를 받는 저작물이므로 무단 전재 및 복제를 금합니다.
- 잘못된 책은 구입한 곳에서 바꿔드립니다.